オリックス・バファローズはいかに強くなったのか
～選手たちの知られざる少年時代～

花田雪

日本文芸社

はじめに

2022年10月30日――。

明治神宮野球場でおこなわれた日本シリーズ第7戦。オリックス・バファローズは東京ヤクルトスワローズを5対4で破り、日本一に輝いた。
チーム名がまだ『オリックス・ブルーウェーブ』だったころ、イチロー、田口壮らを擁した1996年以来、球団26年ぶりの日本一だった。

私はこの日本シリーズ全7試合を、テレビ画面越しに観戦した。
『バファローズ』を題材とした書籍を作る身でありながら、1試合も現地で取材しなかったことをまず、お詫びしたいと思う。

ただ、それには当然ながら理由がある。私はここ数年、日本シリーズ終了直後に発売される、いわゆる『日本シリーズ速報本』の編集を担当している。速報本はどのチームが日本一になっても発売されるため、1試合ごとの勝敗を受けて「どちらが勝つか」の様子を見ながら本の制作を進める。

現地の取材は信頼できるライターさんにお任せしながら、私はというと刻一刻と変化する日本一を巡るシリーズの〝流れ〟を見ながら、テレビ画面とパソコン画面を両にらみして、どんなページ構成にするのか、どの選手を大きく取り扱うのかを熟考する。

編集者であれば、日本一を決める大一番に対して、可能な限り『フラット』な視点を持つ必要がある。2022年の場合はバファローズが勝ってもスワローズが勝っても、等しく「ファンの方々に喜んでもらえる本づくり」を目指す必要があった。それは毎年、日本シリーズがどんな対戦カードになったとしても心がけていることだ。

ただ、今だから白状するが、今年に関しては心のどこかでバファローズを応援している自分がいた。

それは、なぜか――。

本書『オリックス・バファローズはいかに強くなったのか～選手たちの知られざる少年時代～』の発売が決まったのは、2022年のレギュラーシーズン中。

まだ、バファローズがリーグ連覇するかも決まっていないタイミングだった。日本シリーズが開幕した時点で、私自身はすでに複数の関係者に取材を行い、バファローズの選手たちがどんな少年時代を過ごしていたのか、証言を集めていた。

もっと言えば、すでに『原稿執筆』にも取り掛かっていた。

そこにある種の『思い入れ』が生まれるのは、当然の流れだった。

「もし、バファローズが日本一になれば、そのあとに発売されるこの本も少しは話題になるかもしれない……」

そんな邪念も、正直あった。

結果として、バファローズは日本一に輝いた。

2019～2020年、パ・リーグで2年連続最下位に沈んだチームが、そこから2年連続でリーグを制し、さらには日本シリーズまで制してしまった。

プロ野球を戦う各球団には、それぞれ『黄金時代』と呼ばれる時期がある。

読売ジャイアンツならV9時代――。埼玉西武ライオンズなら1980年代後半～1990年代前半にかけて――。

もちろん、残した結果だけでなく、ファンの印象や活躍した選手個々のインパクトなども『黄金時代』には不可欠なファクターだ。

バファローズで言えば、阪急ブレーブス時代、西本幸雄監督のもと、6年間で5度のリーグ優勝を飾った1967～1972年、上田利治監督のもとリーグ4連覇を達成した1975～1978年（※1977年までは日本シリーズ3連覇）や、仰木彬監督のもと、「がんばろうＫＯＢＥ」を合言葉にリーグ連覇を果たした１９９５〜１９９６年などもファンにとっては忘れられない『黄金時代』だろう。

ただ、２０２２年――。リーグ連覇とともに日本一に輝いたこのチームの戦いもまた、過去の栄光に引けを取らない『黄金時代』の到来を予感させるに十分だったと言えるのではないだろうか。

理由は、いくつかある。

２０２２年の日本シリーズで大きな話題となった『快速リリーフ陣』――。

山本由伸、吉田正尚という日本を代表する選手が投打の軸としてチームに存在すること――。

ただ、私が『黄金時代』の到来を予感するもっとも大きな理由はチームにおける『生え抜き選手』のバランスにある。

２０２２年日本シリーズでバファローズが出場登録した40人のうち、バファローズだけでプレーを続ける『生え抜き』と呼ばれる選手は実に33人。一時期、メジャーでプレーした平野佳寿も含めれば34人になる。

それ以外の内訳は、外国人選手が3名（ワゲスパック、ビドル、バルガス）、他球団からの移籍組が3名（竹安大知、能見篤史、松井雅人）になる。

野手に関して言えば、外国人選手はゼロで、生え抜きでない選手は松井ひとりだ。

これが、なにを意味するのか――。

プロ野球の世界において、『強いチームづくり』に必要なのは生え抜きと補強のバランスだ。自前で獲得した選手はもちろん、そこに外国人選手や他球団から補強した選手を加え、チームとしてのバランスをとる。

2022年でいえば、スワローズには山田哲人、村上宗隆といった生え抜きのスターが軸として座り、そこにクローザーのマクガフや打線の主軸を担うオスナ、サンタナといった外国人選手がいた。

スワローズ以外の多くの球団にとっても、チームの強化に『補強』という選択肢は不可欠だ。

その一方で、外部からの『補強』に頼りすぎると、彼らが抜けたあと、チームが一気に弱体化するリスクも生まれる。

どの球団も『補強』に偏り過ぎて痛い目を見た過去は少なからずある。

生え抜きの育成と補強のバランス——。言葉にするのは簡単だが、それがしっかりと取れているチームは多くない。

特に長期的に『強さ』をキープするためには、補強よりも生え抜き選手がチームの力となり、主力を担う必要が出てくる。あくまでも戦力の中枢を担うのは〝長く〟活躍することが期待できる生え抜きであり、そこに不足した〝穴〟を他球団からの移籍や、外国人選手で埋める——。これが、理想的なチームづくりなのは誰の目にも明らかだ。

その意味で、リーグ連覇を果たしたバファローズには、前述した山本、吉田という〝生え抜きの投打の軸〟が存在し、それに追随する若い選手も続々と育っている好循環がある。

だからこそ、〝獲得してみなければわからない〟外国人選手が、たとえ不調に終わったとしてもリーグを連覇できるだけの地力が備わっている。

その強さの一端はなにか――。

本書では、その理由を探るべく、選手本人や関係者への取材をもとに、バファローズの今と、未来を担う選手たちの少年時代を紐解いている。

もちろん、ドラフト会議での戦略や、入団以降の育成システムなども、『選手の成長』に大きく寄与しているはずだ。

ただ、いくら環境が優れていても、そこに順応し、成長できるだけの素養がなければ、選手は伸びない。

オリックス・バファローズは、いかに強くなったのか——。

そのカギを握る、選手たちの少年時代の知られざるエピソード。

そこに、バファローズ『黄金時代到来』の可能性とヒントが隠されている。

バファローズファンはもちろん、『プロ野球選手』を夢見る野球少年、野球少女、さらには指導者の方にも、本書で紹介するエピソードが少しでも届いてくれれば、これほどうれしいことはない。

79

杉本裕太郎

小学校　見能林スポーツ少年団(軟式)
中学校　阿南市立阿南中学校(軟式)
高校　徳島県立徳島商業高校
大学　青山学院大学
社会人　ＪＲ西日本
プロ　オリックス・バファローズ(２０１５年ドラフト10位)

97

山岡泰輔

小学校　広島市立中野東小学校(ソフトボール)
中学校　広島市立瀬野川小学校(軟式)
高校　広島県立瀬戸内高校
社会人　東京ガス
プロ　オリックス・バファローズ(２０１６年ドラフト１位)

山本由伸
YOSHINOBU YAMAMOTO

NPB史上初となる、2年連続〝投手四冠〟の偉業

2022年現在、「NPBナンバーワン投手は誰か?」という問いは、愚問に近い。少しでも野球を知っている人間なら、そのほとんどがこう答えるだろう。

山本由伸――。

宮崎県・都城高校から2016年ドラフト4位で指名を受け、オリックス・バファローズに入団。高卒1年目から一軍デビューを飾ると、2年目の2018年にはセットアッパーとして54試合に登板。4勝2敗1セーブ、32ホールドを記録する。

本格的に先発に転向した2019年は20試合の登板で8勝6敗、防御率1・95をマークし、最優秀防御率のタイトルを獲得。2020年はコロナ禍で短縮シーズンとな

ったが18試合の先発で8勝4敗、防御率2・20、奪三振149で奪三振王に。

そして、2021年には26試合、18勝5敗、防御率1・39、奪三振206という異次元の記録を叩き出し、チームのリーグ優勝に貢献するだけでなく、最多勝、最優秀防御率、最高勝率、最多奪三振の投手四冠を達成。投手四冠はチーム史上初の快挙だった。また、同年には侍ジャパンとして東京五輪に出場し、金メダルを獲得している。

さらに翌2022年、26試合、15勝5敗、防御率1・68、奪三振205を記録し、プロ野球史上初となる2年連続投手四冠に輝いてリーグ連覇、日本シリーズ制覇も達成。

沢村賞、MVPも2年連続で受賞するなど文句なしの結果を残し続けている。

150キロを超えるストレートに加え、フォーク、カットボール、スライダー、シュート、カーブという多彩な変化球を投げ分け、そのどれもが超一級品。

山本由伸

YOSHINOBU YAMAMOTO

球速、変化球のキレ、制球力といった投手に必要なファクターをすべて兼ね備えている。

2022年シーズンを終了した時点で、まだプロ6年目の24歳。

誰もが『NPBナンバーワン投手』と認めるバファローズのエースだが、ドラフトでの指名順位が4位だったことからもわかるように、アマチュア時代は決して全国に名を轟かせるような投手ではなかった。

都城高校時代は、最速150キロを超える速球派として鳴らしたものの、甲子園出場経験はなし。全国的には無名の存在だった。

ドラフト当時、同級生で注目された選手は、今井達也（作新学院／埼玉西武ライオンズ1位指名）、寺島成輝（履正社／東京ヤクルトスワローズ1位指名）、藤平尚真（横浜／東北楽天ゴールデンイーグルス1位指名）といった甲子園で活躍した投手たち。

しかし、プロ入り後の活躍、残した実績は同期の甲子園スターをはるかにしのぐ。

プロ入りから数年で球界最高峰の投手まで上り詰めた山本由伸。

そのルーツを探るべく、彼の出身地、岡山県を訪れた。

“日本のエース”の中学時代は小柄で器用な二塁手兼投手

ＪＲ岡山駅から車を走らせること10分ほど。岡山三大河川に数えられる旭川の分流・百聞川の河川敷に、山本少年が中学校時代に所属した東岡山ボーイズの専用グラウンドがある。

駐車場に車を停め、グラウンドまで歩いていくと、一歩踏み出すごとに無数のバッタが飛び跳ねる。虫が苦手な人であれば、ちょっとたじろいてしまうほどの量だ。

山本由伸
YOSHINOBU YAMAMOTO

グラウンドの奥には岡山丘陵の山々と、青々とした空が広がる。

岡山駅の中心地からそこまで距離はないものの、豊かな自然を感じるには十分すぎる景色だ。

山本少年が所属していた当時のことを話してくれたのは、東岡山ボーイズの代表・藤岡末良さん、監督の中田規彦さん、副代表の豊田裕弘さん、コーチの片山勇人さんの4人。全員が、中学校1年生から卒団する3年生時まで、山本少年を指導した面々だ。

東岡山ボーイズはもともと、代表の藤岡さんが中心となって立ち上げたチーム。岡山県内では初のボーイズとして1988年に創設されている。

そんな歴史あるチームに山本少年が入団したのは、中学校入学とほぼ同時期。当時のことを、指導者たちはこう語る。

「背も低くて、線も細い子でした。器用なタイプではあったけど、決して『飛び抜けて上手い』というわけでもない。ウチには毎年1年生が入団してきますけど、どこにでもいるような普通の選手でした」

東岡山ボーイズに入団する前、小学生時代は地元の軟式少年野球チーム『伊部パワフルズ』に所属していた山本少年。

2学年上には現在もチームメイトである頓宮裕真がおり、彼と実家が隣同士だったのは有名な話だ。6年生時には全国大会にも出場し、神宮球場のマウンドも経験している。

「ただ、入団したときはピッチャー用ではなく内野手用のグラブを買ってきていました。本人もいきなりピッチャーをやろうとは思っていなかったんじゃないですかね。ノックでもセカンドに入っていましたね。ユニフォームがブカブカで、法被みたいになっていましたよ(笑)」

山本由伸
YOSHINOBU YAMAMOTO

山本少年が中学時代に練習した東岡山ボーイズのグラウンド。
自然が豊かで、のどかな景色が印象的だ

入団当初のポジションは内野手。それもセカンドが主戦場だった。上級生になり、投手を務めることになっても、セカンドとの併用は変わらなかったという。

「打順も2番を打たせていました。2番セカンド兼ピッチャー。小柄な選手らしい器用さとセンスはありましたね。足は〝中の上〟くらい。ただ、本気で走っているのは見たことがない（笑）」

本気で走っている姿を見たことがない――。

当時の山本少年は、抜くところは上手く抜いて、大人たちの目をかいくぐる術に関しては抜群だったと、指導者のみなさんは笑いながら話してくれた。

「怒られないギリギリのラインを見極めるのが上手いんですよ。『あれ？　ちょっと手を抜いているかな？』と気付かれた瞬間に少し力を入れたり。それが続いていい加減注意しようかと思うと、今も変わらないですけどあのクシャっとしたかわいい笑顔でこっちを見つめてくる。そうなると肩透かしを食らってしまって叱ることもできない」

3年時はエースではなく背番号『4』小技を活かして2番打者としても活躍

野球の技術はもちろん、処世術でも器用さを発揮した山本少年。

ただ、試合に出るようになったのは3年生になってから。その事実からも、彼が決して〝スーパー中学生〟だったわけではなかったことがわかる。

「おそらく、2年生で一度だけ試合に出たことがあったと思います。ただ、そのときは緊張でなにもやれずに代えました。下級生のころから上級生と一緒に試合に出るような、そういう選手ではなかったです」

3年生になり、ようやくレギュラーの座をつかんだ山本少年だったが、背番号はエースナンバーの1番ではなく、4番。日本のエースが、中学校時代はエースではなかったというのも驚きだ。

「由伸ともうひとり、馬迫宙央というピッチャーをやれる子がいて、その子が1番をつけていましたね。当時は彼と由伸がチームの二枚看板。ピッチャーとしてどちらかが優れていたわけではなく、単純に由伸はセカンドもやれるから4番をつけさせていただけです」

投手としてのライバルは同級生のエース・馬迫少年。練習で手を抜くのも一緒だったそうだ。

「小学校時代から地区も一緒だったからライバル意識はあったと思いますけど、仲も良かったですね。中学校3年まで、ピッチャーとしての力量は互角。大事な試合でもふたりとも投げさせていました」

中学3年時の山本少年は、決して剛速球を投げるタイプではないがコントロールが良く、緩急で打たせて取るタイプの投手だった。当時から球種も豊富で遊び心があり、今も投げている大きなカーブはそのころから決め球として使っていた。

また、現在の山本由伸を象徴する〝やり投げ〟を参考にした独特のフォームはプロ入り以降に完成されたもので、当時はいわゆるオーソドックスな右のオーバースロー。「ヒジをきれいに抜いて投げられるタイプで、いわゆるお手本のようなフォーム」だったそうだ。

山本由伸
YOSHINOBU YAMAMOTO

チームとしては2年春と3年春に中四国大会に出場し、3年夏、最後の選手権大会で全国にも出場。山本少年以外にも強力なメンバーをそろえ、地域では強豪チームとして鳴らした。

そんな東岡山ボーイズの中心選手だった山本少年。たとえば、キャプテンを任されることはなかったのか――。そんな問いをぶつけると、指導者の4人は口をそろえて「いや、無理（笑）」と笑いながら答えてくれた。

「性格的に、決して前に出るタイプではなかったです。本人的にもやりたいことをやれなくなるから、キャプテンはちょっと……という感じでした」

エースでもなく、クリーンアップを打つわけでもなく、キャプテンでもない。

全国大会に出場するほどのレベルであれば当たり前かもしれないが、当時の東岡山ボーイズは決して山本少年のワンマンチームではなかった。

「由伸よりも打つ選手は他にいましたね。2番を打たせたのはさっきも言いましたけど器用だから。送りバントや進塁打を打たせればピカイチでしたけど、ランナーを返すようなタイプではない。身長もまだそこまで大きくなくて、引退するころにようやく170センチくらいだったかなぁ……」

話を聞くと、少なくとも中学校時代までの彼が決して『特別な選手』ではなかったことがわかる。ただ、その一方、のちの飛躍を予感させるような印象的なエピソードもある。

最後の夏に見せた〝片鱗〟チームを全国の舞台へと導く

中学3年、最後の夏。結果的に全国大会出場を決めることになる夏季選手権岡山県支部予選の決勝。山本少年は腰を痛めていた。本人が「投げるのは大丈夫です」というので試合に出したが、バッティングや走塁の際に腰をかばうようなしぐさを見せ、指導者たちも「本当に大丈夫か？」と心配したそうだ。

それでも「投げます」と力強く主張する山本少年は、この試合でリリーフ登板。大事をとって2イニングだけの投球に制限したが、最後の打者を渾身のストレートで見逃し三振に斬って取った。

「キャッチャーが構えたミットに寸分たがわぬコントロールでバシッと決めましたね。あの一球は、私たち指導者も一生忘れないと思います」

身体に異変を抱えながら、意地の投球でチームを全国へと導いた山本少年。その姿は背番号4ながら、エースのそれだった。

「普段はちゃらんぽらんな一面もあったんですけど、そういう場面では底力を見せるというか、芯は強かったですね。野球が好きで、もっと野球がやりたいという強い気持ちを感じました」

中学最後の夏、晴れて全国大会に出場した東岡山ボーイズだったが、1回戦で高崎ボーイズを相手にコールド負けを喫する。この試合、先発したエースの馬迫が打ち込まれ、山本少年がリリーフでマウンドに上がったが、流れを止めることはできなかった。

「のちに八戸学院光星に進学する桜井一樹という選手に2打席連続ホームランを打たれました。そのうち一本は由伸が打たれたんじゃないかな。レフトスタンドに突き刺さるような、強烈な一発でした。上には上がいる、ということを痛感した試合だったと思います」

中学校最後の舞台で、全国の厳しさを身を持って体験した山本少年。その経験もまた、のちの成長につながったのかもしれない。

小柄で、投打ともに器用にこなした山本少年だが、指導者にとっては、どこにでもいそうな、普通の野球少年だったという。

山本由伸
YOSHINOBU YAMAMOTO

「大きな悪さをするわけでもなく、真面目すぎるわけでもない。先ほども言ったように練習で手を抜くようなこともありましたけど、中学生くらいはそれも普通です。友だちも多くて、下の年代の子たちの世話もよく見る。手のかかるタイプでもなかったですね。たとえば、プロに行くような選手だから当時から我が強くて、ワガママだったとか、そういうこともなかったです」

中学校3年生のころの山本少年を見て、のちにプロ野球選手になることを想像できたか――。

取材に伺った日も、グラウンドでは山本由伸の後輩たちが精力的に練習していた

そんな問いをぶつけると、4人はそろって「まったく思わなかった」と首を横に振る。

「全国大会に出るチームの主力ですから、もちろん下手ではないです。ただ、突出した才能を感じたかといえばそんなことはないし、それこそ全国大会の1回戦で対戦してホームランを打たれた高崎ボーイズの桜井君のような怪物でもない。我々からすれば、『あの由伸が?』という感覚です。中学を卒業してたった3年でプロに行って、そこからあれよあれよという間にスーパースターになってしまった。正直に言うと、今でも実感はあまりないかもしれません」

指導者も驚くほどの急成長。

ただ、それを予感させたのが、中学野球を引退して、高校に入学するまでの半年間にあったという。

山本由伸
YOSHINOBU YAMAMOTO

「3年間で由伸が一番伸びた時期が引退後の半年間でした」

全国大会の1回戦で敗退したあとも、進学に向けてチームの練習に参加していた山本少年。時間があればブルペンで投球練習する姿を見て、指導者は「あぁ、もっとピッチャーの練習をさせてあげても良かったのかもしれないな」と感じていたそうだ。

毎日、黙々と行う投球練習。スイッチが入ったキッカケは宮崎の都城高校への進学が決まったことだった。

運命の出会いがスイッチに
現役引退後に投手として急成長

岡山県で生まれ育った山本少年にとって、宮崎は縁もゆかりもない土地。

そんな彼が、越境入学を決意した理由が、のちに都城高校で監督と教え子という間柄になる森松賢容との出会いだった。

「森松さんは岡山の作陽高校でコーチをやっていたんですけど、その年の夏から都城の監督に就任していたんですね。その縁もあってウチのOBも都城に行っていたんですけど、挨拶に来てくれたときに由伸の投球を見て、たぶん一目惚れしたんでしょうね。『あの子、連れて行っていいですか?』って言われましたね。一期一会ですよね、本当に。その出会いがなければ今の由伸はないと思います」

中学3年時点で、特に県内の高校から誘われるようなこともなかった。唯一、声を掛けてくれたのが、都城高校の森松監督だ。

「誘いがあるという話をしたら、由伸も『行きます』と。宮崎は遠いですけど、先に進学していたOBも、もともと仲が良い子でしたから決意はしやすかったのかもしれません。そこからは見違えるように野球に真剣に取り組み始めましたよ。指導者の立場からすると『もうちょっと早く、その本気を見せてくれよ』と思いましたけどね(笑)」

都城高校への進学が決まり、現役時代以上に野球に真剣に取り組むようになった山本少年。その成果はすぐに表れる。

夏までは120キロそこそこだった球速が、中学を卒業するころには130キロに達するまでになっていた。

「こんなに成長するんだ、とビックリしました。チームで二枚看板を任せていた馬迫には悪いですけど、卒業時点では正直、ふたりの間にはすでに実力差があった気がします」

ともに投手として競い合ったライバルに差をつけるほどの急成長。

ただ、それでも東岡山ボーイズの指導者たちは、「さすがにプロに行くとは思わなかった」と語る。

「中学を卒業して、宮崎に行ってからは試合も見れませんし、噂で話を聞く程度です。だから2年くらいして『由伸が150キロ出したらしいよ』と聞いても『え？　人違いじゃないの？』ってね（笑）。3年になって、ドラフト候補生と言われるようになってもピンときませんでした。中学時代の由伸と、話だけを聞く由伸に差があり過ぎてね」

ドラフト当時は、すでに『指名される』という情報が入っていたので、指導者たちも期待しながらその結果を見届けたそうだ。

「結果的に4位でしたけど、事前にはもう少し上位でという話も聞いていたんで『まだ指名されないんか』とドキドキしていました。いざ指名された瞬間は、感無量というか、やはり感慨深いものがありましたね」

プロ入り後は年を追うごとに成績を上げ、あっという間にプロ野球界のトップまで上り詰めた。

ただ、山本由伸とチームの関係は、今もあのころのまま続いている。

山本由伸
YOSHINOBU YAMAMOTO

「正月に帰省したときには顔を出してくれます。今や沢村賞投手で金メダリストなので、こっちもどう接していいか一瞬戸惑いますけど、いざ会ってみるとあのころの笑顔は全然変わっていないんですよ。今、チームにいる子どもたちにとってはもちろんあこがれの大先輩で、ちょっと話しかけるのも緊張するみたいですけどね。子どもたちの前でキャッチボールをしてくれることもあるんですけど、みんな遠くから『すげー』って言いながら見つめていますよ（笑）。もっち近くで見ろ！　って言っても遠慮しちゃってね。それくらい、あこがれだし雲の上の存在ですよね」

恩師から教え子へ――それぞれのメッセージ

当時の指導者にとっても、チームのOB・山本由伸という存在はやはり特別だ。今回話を伺った4人の指導者それぞれに、教え子への思いを伺った。

代表の藤岡さんは、こう語る。

「今もチームに帰ってきてくれるのは本当にうれしいです。彼が、この河川敷のグラウンドを原点と思ってくれているのであればありがたいし、まだ若いですから、これからも長くプレーしてほしいですね。日本人としては日本でプレーを続けてほしいなという思いがある一方で、メジャーリーグで投げている姿も見てみたいな……という複雑な気持ちです（笑）」

監督の中田さんは、「とにかく、長くプレーをしてほしい」と願っているという。

「日本であれアメリカであれ、少しでも長く、たとえば40歳まで投げ続けてほしいです。ファンはもちろん、チームにいる後輩の子どもたちの目標でい続けてほしいと思いますね」

当時、チームでマネージャーとしてチームの記録をつけていた副代表の豊田さんは、「ケガには気を付けてほしい」と、教え子の体を気づかった。

山本由伸

YOSHINOBU YAMAMOTO

「中学時代に腰を痛めた話もありましたけど、野球選手にとってケガは一大事ですし、体を大事にしながら、それこそ200勝するくらいの活躍を見せてほしいですね。まだ24歳なので、これからもずっと由伸のプレーが見られるのを楽しみにしています」

コーチの片山さんは「自分の道を貫いてほしい」とエールを送る。

「誰に何を言われようが、『俺は山本由伸だ』という道を歩き続けてほしいです。数字云々ではなく、彼にしかやれないことをやってほしいですね」

ちなみに、片山さんの息子・飛雄馬さんは山本少年と同級生で小学校、中学校と同じチームでプレー。片山さんは中学だけでなく、小学校時代もコーチとして山本少年を指導した経験がある。

「小学校1年生から知っていますけど、当時から野球小僧。野球しか興味がない、という印象が強いですね。放課後、友だちに遊びに誘われても『野球やるから』と断っていたという話を聞いたことがあります。それくらい、野球が好きだったんでしょうね。もちろんそれは、小学校、中学校、私たちが見ていない高校以降も変わっていないんだと思います」

止まらぬ、野球人口の減少――だからこそ、あこがれの選手の存在が必要になる

山本由伸の出身チームである東岡山ボーイズにとっても、近年の野球人口減少は由々しき問題だ。現在の所属人数は3年生が引退し、1～2年生だけで11人。決して多くはない。一時は県内に17あったボーイズチームも、今は13まで減少している。

「ウチはお茶当番なども強制はしていないし、いろいろと工夫もしているんですけど、今は娯楽も多いですすし、子どもがやるスポーツの選択肢も増えてきました。サッカー

も子どもの数が足りなくなっているし、バスケットボールは少し増えているのかな。もちろん、いろんなスポーツをやることは大歓迎ですけど、長く少年野球の指導者をやっている身としては、やはり野球をやる子どもが減っているのは少しさみしいですね」

野球界全体で考えなければいけない、野球人口の減少。

そのためには、ＯＢである山本由伸のような一流選手の活躍も不可欠だ。

山本由伸の後輩・東岡山ボーイズの現役メンバーたち

今回話を伺った4人の指導者。写真左から豊田さん、中田さん、藤原さん、片山さん

「彼の存在は、チームの子どもたちにとっても本当に大きいですね。毎年顔を出してくれるのも、すごく良い経験になっている。どんな教科書よりも由伸のキャッチボールを見るほうが刺激になるでしょう。その意味では、地元はもちろん、日本の子どもたちのために、これからも由伸らしいプレーをみんなに見せてほしいですね」

実際に取材中、チームの子どもたちから『由伸さんの取材ですか？』と話しかけられるシーンもあった。

山本由伸
YOSHINOBU YAMAMOTO

現役の選手にとっても、やはりチームの大先輩・山本由伸という選手は大きな存在なのだろう。

プロ野球選手は、いつの時代も野球少年、野球少女のあこがれだ。

自然豊かな岡山県の河川敷グラウンド――。

日本のエース・山本由伸の原点は、確かにそこにあった。

山本由伸

1998年8月17日生まれ、岡山県出身。小学校1年生で伊部パワフルズに入団し、野球をはじめる。中学校時代は東岡山ボーイズで二塁手兼投手として3年時に全国大会にも出場。都城高校に進学後、2016年ドラフト4位でバファローズに入団。2年目から一軍に定着し、3年目以降はエースに。2022年にはNPB史上初めて2年連続で投手四冠を達成した。

小学校	伊部パワフルズ（軟式）
中学校	東岡山ボーイズ（硬式）
高校	都城高校
プロ	オリックス・バファローズ（2016年ドラフト4位）

やまもと・よしのぶ

山本由伸
YOSHINOBU YAMAMOTO

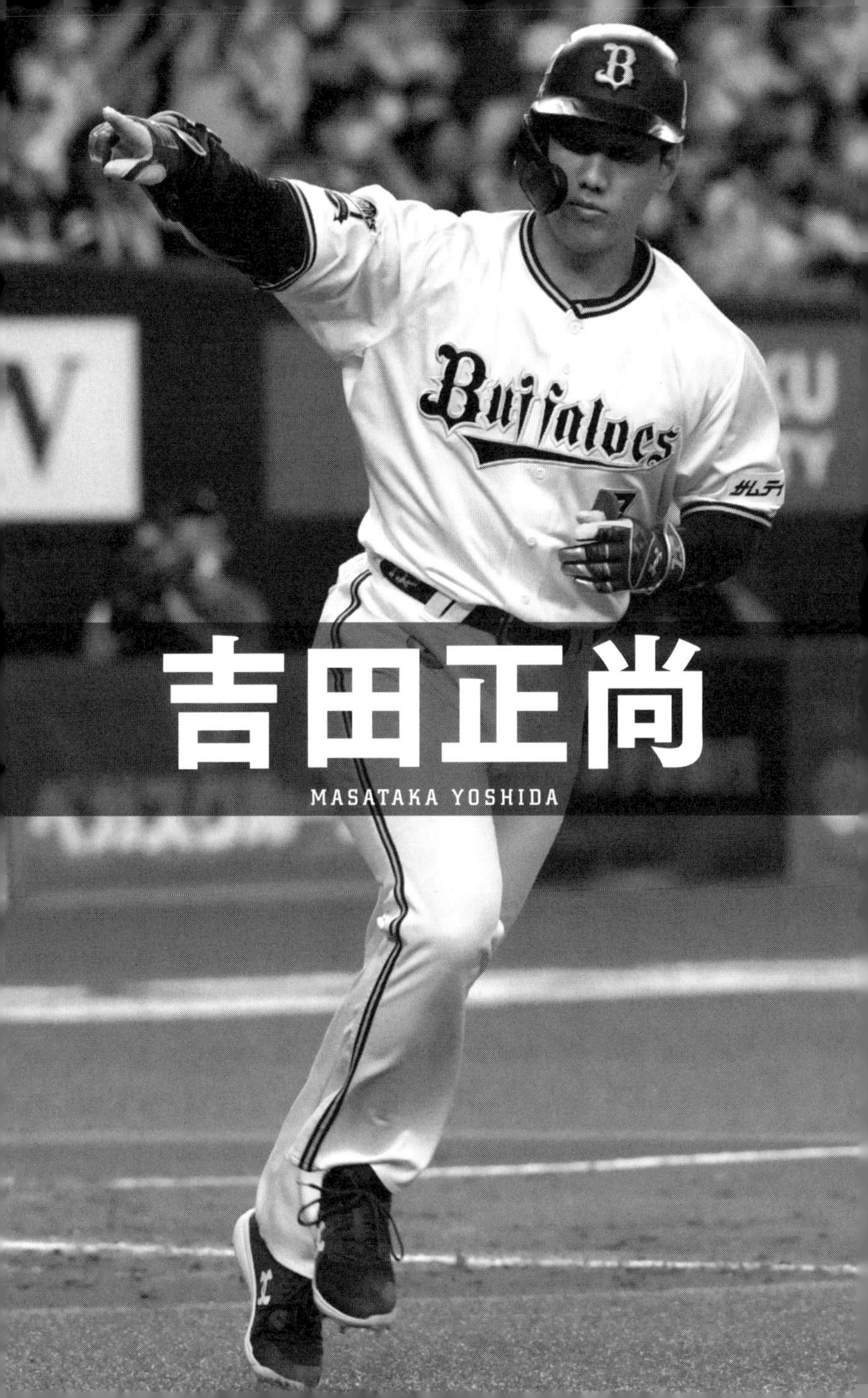

吉田正尚

MASATAKA YOSHIDA

すべてを兼ね備えた球界を代表する主砲
サヨナラ弾でチームの日本一に貢献

オリックス・バファローズ、不動の主砲・吉田正尚。

コンタクト力、パワー、選球眼という、打者に必要なファクターをすべて高いレベルで備える、日本を代表する打者のひとりだ。


身長173センチは、プロ野球選手の中では小柄な部類。それでも、恵まれた体格を誇るチームメイトや他球団の主力を凌駕する結果をプロ入り後も残し続けている。

青山学院大学から2015年ドラフト1位で指名を受け、バファローズに入団すると、プロ1年目から63試合に出場して打率・290、10本塁打、34打点をマーク。故障もあってフルシーズン働くことはできなかったが、いきなりプロの投手にアジャストする非凡な才能を見せつける。

2年目まで、腰をはじめとするケガに悩まされるも、3年目の2018年には自身初のシーズン143試合フル出場をマーク。打率・321、26本塁打、86打点の数字を残し、主軸の座を確固たるものとした。

以降、2022年終了時点まで5年連続で打率3割をマーク。そのすべてが3割2分以上という高打率で、2020年には・350、2021年には・339という数字を残し、2年連続でパ・リーグ首位打者に輝いている。

また、スラッガーでありながら三振も少なく、四球が多いのも吉田の特徴だ。5年連続で打率3割をマークしている2018年以降は出塁率もすべて4割超え。最高出塁率のタイトルも、2021～2022年に2年連続で獲得している。

プロ7年間での通算打率は・327、出塁率は・421。この数字は驚異的と言っていい。

加えて、高打率を残しながら一発も放てる。プロ入りから7年連続で2ケタ本塁打

吉田正尚
MASATAKA YOSHIDA

を継続中で、2022年の日本シリーズ第5戦で放ったサヨナラ本塁打はチームに、ファンに勇気を与える一発でもあった。

チームの主砲としてリーグ連覇、日本一に貢献。勝負強さも備え、ここぞの場面で試合を決める。そんな頼りになる男・吉田正尚――。

球界を代表するスラッガーは、一体どんな少年時代を送ったのか。彼が生まれ育った福井県を訪ねてみた。

小学校2年生で驚異の飛距離！当時から、モノが違った

吉田が生まれたのは1993年7月15日。野球をはじめたのは小学校1年生、6歳のころだった。

入団したのは、実家の近所で活動する軟式少年野球チーム『麻生津ヤンキース』。

創設50年を超える歴史のあるチームだ。

チームの監督を務めるのは小谷誠二さん。吉田少年が所属する前から、30年以上チームの指揮をとり続けている。

当時のことを、小谷さんはこう語る。

「正尚が入団してきたのは、たしか小学校1年生の後半。お兄ちゃんもチームでプレーしていたので、ウチに入団してきたんです。まぁ、ヤンチャなところもある普通の小学校1年生でしたよ」

兄の影響で、同じ少年野球チームに入団。ここまでは普通の野球少年だ。ただ、その実力には小谷さんも驚いたという。

「入ってきたときから、もう『上手いなぁ』という子でしたね。兄貴と一緒に野球をやっていたのかもしれないけど、ちょっと他の子とは違うなと思いました。小学校2年生のころには、グラウンドのフェンス手前くらいまでは打球も飛ばしていましたね。

身体は小さいのに、高学年並みの飛距離でしたよ」

麻生津ヤンキースのグラウンドは、吉田少年の実家の近所、住宅街の中にある。土のグラウンドで、小谷さんが言う〝フェンス〟はネットで作られたお手製のもの。ただ、ホームベースからは目算で60メートルほどはありそうだ。

普通の小学校2年生なら、たとえジャストミートしても内野の頭をやっと越せるようなレベルの子も多い。

それが、本格的に野球をはじめて間もないにもかかわらず、上級生並みの飛距離を見せたというのだから驚きだ。

「今もそうですけど、身長は当時から低かったです。同級生と比べても小さなほう。成長が速くて体が大きい子であれば飛ばす子もいますけど、正尚はそうじゃなかった。私たち指導者の目から見ても『なにが違うんかな？』という感じでしたね」

天才打者・吉田正尚は、幼少期から天賦の才を発揮していた。

「だから、卒団する6年生まで、正尚にはバッティングについてあれこれ指導した記憶はないんです。教えなくても打てちゃうから（笑）。チームの登録は4年生からだったので、公式戦に出したのは3年生の新チームからでしたけど、練習試合には出していましたよ。打順は3番を打たせることが多かったですね。ポジションはキャッチャーです」

現在は外野手を主戦場とする吉田だが、少年時代のポジションはキャッチャーだった。

「肩が強くて、動きも良かったんでね。ただ、ピッチャーはほとんどやらせなかったかな。ボールは速いけどコントロールが悪い（笑）。4年生のとき、試合で投げさせたこともあったんだけどストライクが全然入らなくて『なんや、ピッチャーやらせんのはむずかしいかな』って思ったのを憶えています」

強肩だが、ノーコン。ただ、打てばすごい。

それが小学校時代の吉田少年のプレースタイルだった。

「大きな当たりも打つけど、どちらかというとライナーで強い打球を打つタイプだったかな。ただ、正尚は左バッターで、少年野球はライトが浅く守るのでライトゴロもかなり多かったですね。当時は引っ張り専門であまり逆方向に打つこともしなかったし。もちろん、外野の間を抜けたり、頭を超す当たりも打つから、チームとしては『とりあえず正尚の前にランナーを出そう。そうすれば、アイツがなんとかしてくれる』という共通認識はありましたね」

チームの中心打者として活躍していた吉田少年は、いつしか地域でも『有名』な小学生になっていく。

「5年生になったころからは、他チームの指導者も正尚が打つっていうのは知っていて、けっこう警戒されていましたね。歩かされることも多くなってきましたけど、正尚はそんなことも気にせず、気持ちよく打っていました」

筆者も過去、何度か吉田本人にインタビューをしたことがあるが、その中で幼少期の話題に触れたことがある。当時を振り返り、吉田はこう語っていた。

「背も小さくて、左バッターだったんですけど、いわゆる『逆方向に打て』とか『転がせ』という指導をされた記憶はまったくないんです。今思えば、あのとき自由に打たせてもらえて、自分の中でもバッティングに自信が持てたし、変に打ち方を変えることもなかったのが今につながっているかもしれません」

吉田本人のこの言葉を、小谷さんにぶつけてみた。

「いや、そりゃまぁ、言わんでも打つからね（笑）。もちろん、あまりにもライトゴロが多いから『逆方向に打てば？』と言いたくなったことはあったかもしれませんよ。ただ、正尚は正尚なりに自分で考えてバッティングをしていたのは私が見てもわかったし、小学生にそんなむずかしいこと言っても仕方ないでしょう。結果も出すし、わざわざ指導者が言う必要は感じなかったですね」

吉田少年自身の実力はもちろんだが、子どもの才能を尊重し、好きにやらせるほうが本人のためにもなる——。

そんな指導法が、小柄な吉田少年をスラッガーへと成長させた。

「逆方向だとか、チームバッティングとかはそれこそ上のカテゴリでやるでしょう。麻生津ヤンキースは少年野球チームですから、打てるなら好きにやればいい。正尚も、そうやって自分のバッティングを考えていたと思いますよ。練習は真面目にやっていたし、父親にバッティングセンターに連れて行ってもらって自主トレしていたという話も聞きましたしね」

チームとしては、吉田少年が5年生のときの新人大会で県大会にも出場。チームには同級生が10人ほどおり、1学年でチームが組めるだけのメンバーもそろっていた。

ただ、チームのキャプテンを任されることはなかったという。

「タイプ的にね。あまり周りをグイグイ引っ張っていくというよりは、後ろからけしかけるような子だったから。チームの主軸は間違いなく正尚だったけど、キャプテンをやらせようとは思わなかったです。バファローズで選手会長やっていたけど、『似合わんなぁ』って思って見ていましたよ（笑）」

小学校時代から、同級生との〝違い〟を見せていた吉田少年。ただ、小谷さんは当時、現在のようなプロを代表する大打者になることを想像することはできなかったという。

「もちろん、良い選手だなとは思っていたけど、プロに入るとかは想像できなかったですね。中学に上がったらボーイズでやるという話を聞いて『本気で野球をやっていきたいんだな』という思いは感じましたけどね」

吉田少年が小学生時代にプレーした麻生津ヤンキースで監督を務める小谷誠二さん

地元の少年野球チーム『麻生津ヤンキース』でノビノビと野球をプレーし、その才能を発揮した吉田少年。

そして、中学入学を機に、地元の硬式野球チーム『鯖江ボーイズ』に入団することになる。

名門・鯖江ボーイズの歴史上でもナンバーワンの強打者

福井県鯖江市を拠点に活動する鯖江ボーイズは、これまでに吉田だけでなく、元広島東洋カープの東出輝裕ら、実に8人をプロの世界に送り出しているボーイズリーグの名門チーム。2015年には日本一にも輝いている。

チームの指揮を執るのは、佐々木昭弘監督。

吉田少年が在籍していた当時は、いったん監督を退いてチームの代表職を務めてい

吉田少年が小学生時代に汗を流した麻生津ヤンキースのグラウンド。
2年生で、写真右のフェンスまで打球を飛ばしていた

たが、当時のことはよく憶えているという。

「鯖江ボーイズは、基本的に毎日練習しています。土日祝日はもちろん、平日も月曜以外はナイターで練習して、そのあとは近くの室内練習場で自主トレもします。正直、少年野球をやっていた子どもは、面食らうでしょうね。私自身は選手たちに練習を好きになってもらいたいという思いがあります。練習が好きにならなければ上手くならないからです。もちろん、厳しく指導することもあるし、その中でどれだけ練習を楽しめ

るか。それは事前に見学に来た選手や親御さんにも説明するので、ウチには基本的には『本気で野球をやりたい』と思う子どもしか入団してきません」

鯖江ボーイズの練習グラウンドは、鯖江市が運営する西山公園野球場。福井鉄道福井線の水落駅から5~6分歩いた場所にある市営のグラウンドだ。

土日は一般にも開放しているが、平日は市の好意もあり、基本的には鯖江ボーイズが『専用グラウンド』のような形で使用しているという。

球場にはナイター設備もあり、中学野球チームの専用グラウンドとしてはかなりの充実ぶりだ。

設備も整い、練習もほぼ毎日。佐々木監督いわく、「本気で野球をやりたい子が入ってくる」という鯖江ボーイズに、吉田少年は中学入学と同時に入団することになる。

「小学校6年生のときにチームに体験に来たんですけど、衝撃を受けました。メチャクチャきれいなスイングをしているな……と。私だけでなく、彼を見たチームの指導者全員が言っていましたよ。『この選手には入団してもらわにゃ』って。当時は飛距離というより、スイングのスムーズさとミート力がずば抜けていた印象です。体験に来ていたほかの選手と比べても、ちょっとレベルが違いました」

少年野球の指導者・小谷さんもそうだったが、ボーイズの指導者・佐々木監督も、そのセンスに衝撃を受けたという。

「入団したころから、今とスイングの形はほとんど変わっていないんじゃないかな。もちろん細かな違いはあるでしょうけど、印象は当時のままです。つまり、その時点でほぼ完成していたということですよね。私もこれまで、プロに送り込んだ選手を含めてたくさんの子どもを見てきましたけど、バッティングに関して言えば中学時代の彼は頭ひとつ、抜けた存在でした」

フォロースルーを大きくとった豪快なスイングは現在も吉田正尚の代名詞だが、その形は小学生から中学生の時点ですでに固まっていたという。

「なので、私はバッティングについてああしろ、こうしろと教えたことは一回もないです。とにかく『このまま伸びてくれればな』と。それくらい良い選手でした」

入団直後から指導者も驚くほどの技術を見せた吉田少年。ただ、1年生から試合に出られたかというと、そうではなかった。

「1年生のときにヒジを故障しまして、試合に出られなかったんです。投げる、打つにも支障が出るレベルだったので、とにかく走るだけ。ただ、私も含めて感心したのは、プレーはできないのに練習には出てくるんです。それで、黙々と外野を走っている。今の選手は、ケガをしたらリハビリ中は普通に練習も休みますよ。でも、彼は毎日練習に出てきて、ポール間をひたすら走り続けた。それがあの強靭な足腰の土台になったのかな……とも思うんですけどね」

ヒジが治り、練習に参加できるようになると、入学当初に周囲を驚かせたバッティングもさらにスケールアップしていた。

「しばらくプレーしていなかったので、慣れるまで時間がかかるかなと思ったんですけど、普通に違和感なくやれていましたね。特にバッティングは〝バケモン〟です。ケガをする前よりもすごみが増していた印象ですね。小学校まではキャッチャーをやっていましたが、ヒジの不安があるのでしばらくは外野を守らせていました。ただ、2年生では唯一、3年生の中でレギュラーです。打順は5番を打っていましたね」

中学野球における1学年という差は、体格も、技術も、想像以上に大きい。有望な選手が集まる鯖江ボーイズのようなチームであればなおさらだ。

それでも吉田少年は同級生の中で唯一、2年生からチームのレギュラーに抜擢された。

「3年生になってからキャッチャーに復帰しました。ヒジは心配でしたけど『痛い』

と言うこともなく、良いキャッチャーでした。のちに進学する敦賀気比高校も吉田のことはキャッチャーとして獲りに来ましたからね」

打撃練習で軽々と場外弾を放つ伝説の〝吉田ネット〟

強打のキャッチャーとして鳴らした中学時代。その怪物ぶりを示すエピソードがある。

鯖江ボーイズの練習グラウンド『西山公園野球場』の両翼は91メートルほど。ライトの後ろには道路を挟んで住宅街がある。

「練習で吉田が打つと、フェンスを越えて道路まで打球を飛ばしてしまうんです。住宅や車に当たるとまずいので、彼が打撃練習をするときはライトの奥の道路に保護者達がずらっと並んでボール拾いをしてくれました」

吉田少年が中学時代にプレーした鯖江ボーイズは、全国優勝経験も持つ福井県の名門チーム

あまりにもかんたんにフェンスを越え、道路まで打球を飛ばしてしまうので、車が通るときはいったん練習を止めていたほどだ。

するとある日、球場を運営する鯖江市が、ライトの後ろに防球ネットを増設してくれることになった。

「はっきりした理由はわかりませんが、もしかしたら近隣から苦情があったのかもしれないですね（笑）。ただ、まちがいなく吉田が打球を飛ばし過ぎるので建ったんだろうなと、関係者はみんな言っています。だから今でも、伝説みたいに『吉田ネット』と呼んでいるんです」

プロ野球選手がアマチュア時代、打球を飛ばし過ぎるから防球ネットを急遽建てた――。怪物伝説としてたまに聞くエピソードではあるが、そのほとんどが高校時代だったり、学校のグラウンドレベルの話だ。

両翼91メートルある市営グラウンドで、中学3年生の打者が結果的に市政を動かして防球ネットを増築させたなど、聞いたことがない。

「でも、その防球ネットも超えますからね（笑）。プロに行くようなレベルのバッターは、そのくらい飛ばすんですよね。吉田もそのひとり。2年生のときには練習試合で3打席連続ホームランを打ったこともあります。とにかく波に乗ったら手がつけられない。そんな印象ですね」

佐々木監督の口からは、次から次へと豪快なエピソードが飛び出してくる。

当時、佐々木監督は代表職につき、後任にOBの李景一（元巨人）を就任させていたそうだが、李監督の指導も、吉田のバッティングスタイルにフィットしたという。

「李も私の教え子で、巨人を退団したあと、地元の大阪ではなく鯖江に戻ってきたんです。そこで『指導者になりたい』という話を聞いたのでチームの手伝いをさせて。私も若い世代に監督を譲りたいと思っていたので、李に監督を任せました。ちょうどそのころが吉田の代だったんです。李の指導法は、いわゆる『ゴロを打て』ではなく、大きな打球を打とうと。大阪の野球は大きな打球を

吉田少年が場外弾を連発するため設置されたと噂の通称・吉田ネット

吉田正尚
MASATAKA YOSHIDA

打つ野球だと言って、『スタンドインできない選手は使わない』って。当時の私たちからすれば、ちょっと衝撃的な野球でしたね」

李監督がその方針を持ち込むまでは、鯖江ボーイズではいわゆる『中学野球』のオーソドックスなスタイルで練習を行っていた。

残念ながらその後、李監督は退任することになるが、若い指導者に現場を任せることで新しい野球のスタイルをチームに取り込むことができた。

当時は佐々木監督が代表、監督に李氏、さらにコーチにはのちに敦賀気比高校でコーチを務め、現在は北陸高校野球部監督を務める林孝臣氏がいた。

「もちろん、李が監督をやって最初のころはかなり厳しい練習もさせていました。若いし、エネルギーもあり余っていますから。ただ、先ほどもお話ししたように、選手には練習を好きになってもらいたい。そのためには『やらせるだけの練習』ではダメです。新しい考え方は吸収しつつも、私がこれまでの指導で培ってきたものも上手く落とし込んでいく。そうやって話し合う中で、チームも強くなっていきました」

吉田少年が鯖江ボーイズに在籍していた当時は、チームの指導方針がちょうど変革期を迎えていたころ。そのため、チームとしてはなかなか結果が出なかった。

「全国大会に出場するところまでは行けなかったですね。彼自身はもちろんすごい選手でしたけど、チームとしての力は最後まで発揮できなかった。吉田の1個下の代は春から全国に行くくらい強かったんですけどね」

名門チームだけに、目標は『全国大会』であり『日本一』。

惜しくも、そこには届かなかった。

「ただ、個人としての練習への取り組みや負けず嫌いの度合いで言えば、吉田は歴代でもかなり上位ですね。外から見ていても『同級生に負けるなんて考えられない』と思ってプレーしているのがわかるくらい。バッティング練習は、チームのメンバーをローテーションで回すんですけど、吉田は自分が納得できるまで打ち続ける。見かねた私たちが『いつまで打っとんじゃ！』と叱りつけるまでやりますからね（笑）。チームではキャプテンを任せていましたけど、そういう野球への姿勢を評価したからです。学校ではヤンチャなところもあったみたいですけど、選手もみんな、吉田の言うことは聞く。逆にキャプテンにしなければ裏で悪いことするんちゃうか……と思ったのもあります（笑）」

小学校時代は「キャプテンというタイプではない」と小谷さんが語ってくれたが、中学時代の恩師・佐々木監督は「誰が見ても吉田がキャプテン」と語る。

ヤンチャな部分がある、という印象は共通していたが、世代によってキャプテンに求められるモノも違えば、吉田少年自身の変化もあったのかもしれない。

身長が伸びれば、絶対にプロに行ける多くの関係者が、そう確信するほどの逸材

「一度、打席で凡退してふてくされて走ったんですね。それを見たコーチの林が、吉田をメチャクチャ怒ったんです。ボスタイプの人間って、みんなの目の前で怒られたりするのを嫌がるじゃないですか。2年生まではスーパースターで、ちょっと野球に対して横着になっていた部分があったのかもしれません。そこからですね。目に見えて練習に向き合う姿勢が変わったのは」

2年生で唯一レギュラーに抜擢され、3年生になってキャプテンにも就任。吉田少年も、当時は思春期真っただ中。少しだけ、鼻が伸びていたのかもしれない。そこで喝を入れられたことで、ふたたび野球に情熱を向けられるようになる。

「実力は十分過ぎるほどあるんで、あとは野球をどれだけ真面目にやれるかなんです。

吉田正尚
MASATAKA YOSHIDA

その意味では3年生になって自覚も生まれた。当時から『これは順調にいけばプロにもなれる』と思っていましたから。ただ、ひとつだけ心配していたのが〝身長〟です」

吉田の現在の身長は173センチ。本章冒頭にも書いたようにプロの中ではかなり小柄だ。

「当時から野球の技術はピカイチで、態度もデカかったですけど（笑）、身長は低かったんです。だから『180センチまで伸びたら絶対にプロに行く』って思っていました。当時はおそらく165センチくらいだったんじゃないかな？　高校で伸びれば……という思いは私だけじゃなくてみんなが持っていました。結果的にプロには行きましたけど、あのサイズのまま行くとは思いませんでしたね」

指導者歴25年目を迎える佐々木監督にとっても、中学校時代の吉田少年は「間違いなくナンバーワン」だという。

「バッティングがとにかくきれい。それと、常に自分で考えてやっていましたね。不調になっても、その原因を自分で探して、自分で克服することが中学の時点でできていた。高校以降は、もしかしたら誰かに指導を受けたこともあるかもしれないですけど、当時からバッティングがほとんど変わっていないことを見ると、基本的には自分で考えながらやっていたんじゃないかなと思うんですけどね」

技術だけでなく、バッティングへの考え方、意識そのものが中学生離れしていたという。

「中学の時点で高校生のような考え方を持っていました。吉田の指導者として、『なにを教えたんですか?』って聞かれることがありますけど、『全力で打て、全力で走れ』としか言っていない。指導者としては恥ずかしい話ですけどね」

指導者がここまで絶賛する中学生も、なかなかいないのではないか。

そこまでの逸材であれば、高校からの誘いも引く手あまただったのでは……と思ったが、実情はそう甘くはなかった。

「全国大会に行けなかったのが大きかったですよね。ウチは、言っても福井の田舎のチームですから、名前を売るにはやはり全国大会に出なければむずかしい。吉田はその点、全国でプレーして活躍することができなかったので、遠方の高校からもたくさん誘いが来た、というわけではありませんでした。それでも、地元の敦賀気比高校はその素材をしっかりと評価してくれたのでありがたかったです。ウチのOBには吉田以上にいろいろな高校から声がかかった選手はたくさんいます。ただ、ほぼ全員が全国大会を経験している。もし吉田の代が全国に行っていれば、まちがいなく誘いがあったでしょうね。そう断言できるくらい、誰が見てもすごいバッタ

中学時代の恩師でもある鯖江ボーイズ現監督・佐々木昭弘さん

ーでしたから。本音を言えば、『もっといろいろな高校から誘われるべき選手だ』と思っていました」

鯖江ボーイズを卒団した吉田少年は、敦賀気比高校へと進学。そこから青山学院大学、プロへと進んだのは冒頭に書いたとおりだ。

プロ入り後も、吉田と鯖江ボーイズの関係は続いている。

「全国大会に行くたびに、Tシャツをプレゼントしてくれたり、なにかと気にかけてくれています。吉田が卒団したあとに室内練習場も出来たんですけど、そこに設置してあるマシンもいくつかは吉田が寄付してくれたものです。スーパースターになっても、原点である福井を、鯖江ボーイズを忘れないでいてくれるのは、指導者としても本当にうれしいですね」

鯖江ボーイズの室内練習場には吉田正尚から寄付されたという練習器具が並ぶ

吉田正尚は野球人生で一度も挫折を味わっていない？

今回、吉田正尚の少年時代を探るため、小学校、そして中学校時代の指導者に話を聞いたが、小谷さんと佐々木監督のふたりが、教え子・吉田正尚について同じ言葉を口にした。

「アイツ、野球人生で大きな挫折って味わったことないんじゃないかな?」

小学校時代は入団直後の2年生からモノの違いを見せつけ、ボーイズでは2年生からレギュラー。さらに、高校進学後も敦賀気比で1年夏から4番を打ち、甲子園に出場。大学でも1年から4番を任されて大学日本代表にも選出された。

プロにはドラフト1位で入団し、1年目から結果を残し、タイトルや金メダルまで獲得してしまった。

たしかに、ケガなどのアクシデント以外、野球の実力で壁にぶち当たった経験はないように思える。佐々木監督は、こう語る。

「今度会ったら、『お前、人生で9番打ったことあるか?』って聞いてみようと思い

吉田正尚
MASATAKA YOSHIDA

ますよ（笑）。卒団後も高校、大学で活躍して、吉田に関して耳に入ってくるのは全部『すごいよ』っていう話ばかり。いつかは挫折を経験するんじゃないか……と心配しましたけど、気づけばプロでもタイトルを獲って、金メダリストにまでなった。もちろん、私たちの知らないところで苦しい思いをしたこともあったんでしょうけど、それを見せないのはプロとしても素晴らしいなと思います」

また、小学生時代の指導者・小谷さんは、今後の吉田正尚について『ケガだけは気をつけてほしい』と語ってくれた。

「チームを卒団して、私たちから見れば順調すぎるくらいの野球人生を送れていると思います。唯一、気をつけてほしいのがケガですね。プロに入っても最初はケガに苦しみましたし。それさえなければ、結果を残せるのは自分の力で証明してくれました。『いつかはメジャーリーグに行きたい』という話も聞いたことがありますが、もしそれが現実になっても、正尚ならやってくれるんじゃないかなと思っています」

小学生時代から中学生時代まで、吉田少年のエピソードはまさに〝怪物〟。

挫折知らず――。そう聞くと、中にはネガティブな印象を持つ人もいるかもしれないが、吉田正尚が野球人生で大きな挫折を経験していないのは、そうなるだけの実力と、その裏にある努力があってこそだ。

日本が誇るスーパースラッガーは、この先どんな進化を見せるのか。

当時の話を聞いて、その行く末がさらに楽しみになった。

吉田正尚

MASATAKA YOSHIDA

吉田正尚

1993年7月15日生まれ、福井県出身。小学校1年生時に麻生津ヤンキースに入団して野球をはじめる。中学では鯖江ボーイズに所属し、4番キャッチャーとしてプレー。敦賀気比高校、青山学院大学を経て、2015年ドラフト1位でバファローズに入団。2022年終了時点でNPB通算打率.327、133本塁打、467打点。首位打者、最高出塁率をそれぞれ二度獲得している球界を代表するスラッガー。

小学校	麻生津ヤンキース(軟式)
中学校	鯖江ボーイズ(硬式)
高校	敦賀気比高校
大学	青山学院大学
プロ	オリックス・バファローズ(2015年ドラフト1位)

よしだ・まさたか

杉本裕太郎

YUTARO SUGIMOTO

父はサッカー指導者、それでも、野球を選んだ理由とは？

プロ野球界には、時に〝遅咲き〟と呼ばれる選手が現れる。

オリックス・バファローズの主砲・杉本裕太郎は、その代表格だ。

徳島商業から青山学院大学、ＪＲ西日本を経て２０１５年ドラフト10位でプロ入り。ドラフト指名時の年齢は24歳だった。

１９０センチ、１０４キロという日本人離れした体躯とパワーでプロ入り時から大きな期待を受けたが、すぐには結果が出なかった。

２０２０年までのプロ5年間で、通算本塁打数は９本。

しかしプロ6年目。30歳になるシーズンでついに覚醒する。１３４試合に出場し、打率・301、32本塁打、83打点をマーク。本塁打王に輝くとともにバファローズをリーグ優勝へと導いた。

翌2022年も15本塁打を放ち、リーグ連覇に貢献すると日本シリーズでは2本の決勝タイムリーを放つ活躍でMVPを受賞。

30歳を越えてから才能を開花させ、プロの舞台で大きく花開いた。本塁打を放ったあとに右手を天にかざす〝昇天ポーズ〟もファンから大きな支持を集めている。

バファローズが誇る遅咲きの主砲――。

そのルーツは一体どこにあるのか。本人に話を聞いた。

1991年4月5日、徳島県阿南市に生まれた杉本。

野球を始めたのは小学校2年生に上がるタイミング。入団したのは地元の少年野球チーム『見能林スポーツ少年団』だ。

杉本裕太郎

YUTARO SUGIMOTO

「通っていた小学校の少年野球チームで、放課後に練習しているのを見ていたんです。それで『楽しそうだな』と思ったのがキッカケです」

杉本少年が当時通っていた小学校は阿南市立見能林小学校。同級生や、同じ学校に通っている先輩たちが楽しそうに野球をやっている姿を見て、「自分もやってみたい」と思ったという。

幼少期に野球を始める少年は、親の影響を受けているケースが多いが杉本少年の場合は少し違う。

父は同じ小学校のサッカークラブで監督を務めており、本来なら杉本少年も野球ではなくサッカーを始めるのが自然な流れだった。

「普通に考えたら、サッカーをやっていたと思います。ただ、サッカーって体がぶつかり合ったり、コンタクトが多いので『痛い』『怖い』っていうイメージがあったんです。野球をやりたいと伝えたときも反対されたわけではないんですけど、本音はサッカーをやってほしかったんだろうな……と思います」

サッカー指導者だった父の影響はもちろん受けていた。小学校入学前は、公園でキャッチボールではなくサッカーボールを蹴り合っていたという。

「記憶が鮮明ではないんですけど、キャッチボールはしていなかったと思います。やっぱり、基本はサッカー。その意味でも、親も周りも僕はサッカーをやると思っていたはずです。でも、野球を選んだ。今思えば、その選択は正解だったかなと（笑）」

あくまでも小学生の感覚だが、「痛そう」「怖そう」なサッカーではなく、「楽しそう」な野球を選んだ杉本少年。いざ入団してみると、「楽しそう」なイメージは間違っていなかった。

「野球自体、もちろん楽しかったんですけど、見能林スポーツ少年団は野球だけじゃ

杉本裕太郎
YUTARO SUGIMOTO

なくてみんなでリレーをしたり、山登りしたり、初詣に行ったり、そういう楽しいレクリエーションがたくさんあったんです。今でもすごく憶えているくらいなので、小学生ながらにメチャクチャ楽しかったんだと思います」

野球漬けではなく、それ以外のイベントも充実している。それが、杉本少年の心を強くつかんだ。

「そういう思い出なら、いくらでも出てきますよ。遠征で鳴門まで行ったら、試合が終わったあとに海まで行ってみんなで泳いだり。あと、練習中にグラウンドの近くをラーメンの屋台が通ったら練習を中断してチーム全員でラーメンを食べさせてもらったこともあります」

「小学生時代は無双していました」出塁が面倒で、わざと凡退したことも

一方で、野球の練習自体は「けっこう厳しかった」そうだ。厳しさと、楽しさのバランスをうまくとり、選手たちにヤル気を出させる。杉本にも思い当たる節がある。

「たとえば海に行って泳いでも、そのあと砂浜を走ったり、リレーで対決したりするんです。初詣も、みんなで走って行った記憶があります。やっていることは『練習』に近いんですけど、それを練習と思わせない。楽しくやれるから苦じゃない。そういう工夫は指導者の方がしてくれていた気がしますね」

見能林スポーツ少年団には低学年が中心のBチームと、高学年が中心のAチームがあったが、特に厳しかったのがAチームだった。

「同じグラウンドで練習しているんですけど、低学年でBチームにいたころは『Aチームの監督、怖いなぁ……』と思って見ていました。ただ、そのぶん試合には出られるし、早くAに上がりたいという気持ちは常に持っていましたね」

杉本裕太郎
YUTARO SUGIMOTO

当時から体も大きく、パワーもあった杉本少年は小学校4年生からAチームの試合に出るようになった。当時のポジションはレフトで、5年生になってからは投手と遊撃手というチームの中心を担う選手だった。

「5~6年生のころは、正直言って『野球って簡単』って思っていました（笑）。投げたらみんなよりボールは速いし、打ったら一番飛んでいたので。ただ、野球を簡単だと思えたのはそのころだけですね（笑）」

のちにプロの舞台で本塁打王を獲得するような選手だ。小学校のころの杉本少年は、野球に関しては絶対の自信を持っていた。

こんなエピソードもある。

「試合で、塁に出るのが面倒くさいときにはわざと凡退していました……。走りたくないな、という場面もあったりしたので（苦笑）」

なかなか豪快な小学生だ。「野球は簡単」と思っていたというのもうなずける。小学校6年生時点で杉本少年の身長は168センチ。投打の中心だったのはもちろんだが、チームにはほかにも上手い選手がいたという。

「僕意外にあと2人くらい上手い選手がいて、小学生時代はその3人で『無双』していました。チームとしてもけっこう強かったと思います。同級生が9人くらいいたんですけど、卒団時の集合写真では全員が優勝旗を持っていた記憶がありますね。それくらい、大会では優勝していたと思います」

「野球は簡単」で「無双」していた杉本少年。

小学校を卒業して選んだ進路は、地元の阿南市立阿南中学校の軟式野球部だった。小学生時代、それだけの実績を誇れば地元の野球部ではなく硬式のクラブチーム、という選択肢はなかったのだろうか。

杉本裕太郎
YUTARO SUGIMOTO

「僕らのいた地域にそもそも硬式のクラブチームが少なくて、『硬式をやる』という文化自体もあまりなかったんです。少年野球のチームメイトも、ほとんどが野球部に入部しましたし、僕も『硬式でやろう』とは特に思わなかったですね」

中学最後の大会で、名門・明徳義塾中を相手に完封勝利をマーク

中学校に上がり、これまでとは違うカテゴリで野球をやることになった杉本少年。ここで、ひとつの壁にぶつかる。

「決して『打てない』わけではないんですけど、小学校時代のように『野球が簡単』とは思えなくなりました。部活動にある上下関係にも最初はとまどいましたね。下級生は自転車乗っちゃいけない、とか（笑）。1年生のころは試合に出られなくて、2年生からは小学生時代と同じピッチャーとショートで試合に出られるようになりました」

本人は『小学生時代ほどではない』と言うものの、それでも2年生からはチームの中心選手としてプレー。

3年生最後の夏には県大会を制し、四国大会にも出場している。

「1回戦の相手が明徳義塾中学だったんですけど、先発して完封しました。あの試合が、ピッチャーとしては僕の人生のピークです(笑)」

『明徳義塾』といえば甲子園出場42回(春夏通算)、2002年夏には全国制覇を達成している高校の野球部が有名だが、付属の中学野球部も全国的な名門として知られている。

そんな明徳義塾中学を相手に完封勝利を収めた杉本少年擁する阿南中学校野球部は四国大会ベスト4という結果を残す。

「その前に練習試合で一度だけ対戦したんですけど、レベルが違い過ぎてボコボコにやられていたんです。でも、最後の大会では勝つことができた。中学野球で一番の思い出は、と聞かれたらやはりこの試合ですね」

中学3年生、最後の大会で投手としても結果を残した杉本少年。ただ、当時から投手より打者としてプレーを続けたいという思いは持っていた。

「単純に、打つほうが好きだったんです。速いボールを投げるより、遠くに飛ばすことのほうに魅力を感じていました。子どものころから『プロ野球選手』は夢でしたけど、『打者としてプロに行きたい』と言うイメージが強かった気がします」

子どものころにあこがれたのはイチロー（元シアトル・マリナーズほか）。

杉本少年が10歳のときにメジャーリーグに移籍し、いきなり首位打者、最多安打、MVPを獲得している。

当時の野球少年の多くがそうだったように、杉本少年も『イチローにあこがれる少年』のひとりだった。

小学生から中学生まで、現在と同じように恵まれた体格を生かしながらチームの中心選手としてプレーした杉本少年だが、野球を離れると少しだけヤンチャな一面もあった。

「思春期にさしかかった中学校時代は、少しだけヤンチャだった気がします。学校のガラスを割っちゃって先生に怒られるとか、そういう程度ですけど（笑）。ただ、野球、特にバッティングは好きだったんで、それだけはしっかり練習していましたね。そのかわりランニングはさぼる、みたいな。監督や指導者が見ている前だとちゃんと走って、それ以外はちょっと抜いて走るような感じで。でも、ほとんどの中学球児がそんなもんじゃないですかね？（笑）」

中学時代の監督は生活指導も担当しており、小学校時代と同じく、厳しい一面もあったという。思春期で、ヤンチャな一面も顔を出し始めた杉本少年の心が野球から離

杉本裕太郎
YUTARO SUGIMOTO

れそうになったことはないのだろうか。

「野球をやめよう、と思ったことはなかったですね。もちろん、きつい練習や嫌な思いをしたこともありますけど、基本的に小学校も中学校も、仲の良い友だちがみんなチームメイトなので。練習に行くことは友だちに会うこと、みたいな感覚もあって、なんやかんやで楽しかったんだと思います」

野球を通じて得た〝一生の友人〟両親のサポートにも感謝

当時のチームメイトたちとの関係は、高校、大学、社会人、そしてプロとなった今でも続いている。

「地元に帰ったときはみんなで集まります。ゴルフやったり、草野球も一緒にやりますよ。でも、軟式はボールがつぶれちゃって全然打てない。みんなから『お前、ホンマにプロ野球選手か?』って言われます(笑)」

野球を通じて、30歳を越えた今も付き合うことのできる、一生の友人も手に入れた。

「子どものころに楽しく野球をやれて、友だちがたくさんいて、そういう環境にいたからこそ、野球を続けることができたんじゃないかなと思います。高校、大学とカテゴリが上がると、正直楽しくないことも増えてくる。小さなころとは比べ物にならないくらい厳しい練習も乗り越えなきゃいけない。そういう時になにが野球につなぎとめてくれたかと言うと、やっぱり『野球は楽しい』と思えた原点だったり、周りにいる友だちの存在だったのかなと」

もちろん、親御さんの協力も野球を続ける上では不可欠だ。

「特に小学校のころは土日も試合を見に来てくれたり、常にサポートしてもらっていました。僕以外のチームメイトの親もそんな感じで、たとえばノックを打ってくれたり、バッティングピッチャーをやってくれたり。バッティングセンターにもよく連れて行ってもらったんですけど、そこでチームメイトも同じように親に連れてきてもらっていて、一緒に遊んだり。今思えばですけど、本当にありがたかったですね」

少年野球の世界で〝親の協力〟は不可欠だ。

近年ではお茶当番の廃止など、可能な限り〝親の負担〟を減らす努力をしているチームが増えているが、負担ではなく協力を促すことは決して悪いことではない。

「少年野球のころは、子どもより親が試合で声を出すようなチームでした。みんながチームに協力して、勝てば喜んで。そういうチームだったから僕らは思う存分野球を楽しめたし、たくさん優勝することもできたのかなと思います」

チーム、指導者、友人、そして両親――。

サッカー好きの子どもが、プロ野球選手になるまでの過程には、多くの人の支えがあった。

杉本裕太郎

YUTARO SUGIMOTO

杉本裕太郎

1991年4月5日生まれ、徳島県出身。小学校2年時に見能林スポーツ少年団に入団して野球を始める。阿南中学校では軟式野球部に所属し、投手兼遊撃手として3年夏の四国大会ではベスト4に。中学卒業後は徳島商業、青山学院大学、JR西日本を経て2015年ドラフト10位でオリックス・バファローズに入団。プロ6年目の2021年には本塁打王を獲得。

小学校	見能林スポーツ少年団(軟式)
中学校	阿南市立阿南中学校(軟式)
高校	徳島県立徳島商業高校
大学	青山学院大学
社会人	JR西日本
プロ	オリックス・バファローズ(2015年ドラフト10位)

すぎもと・ゆうたろう

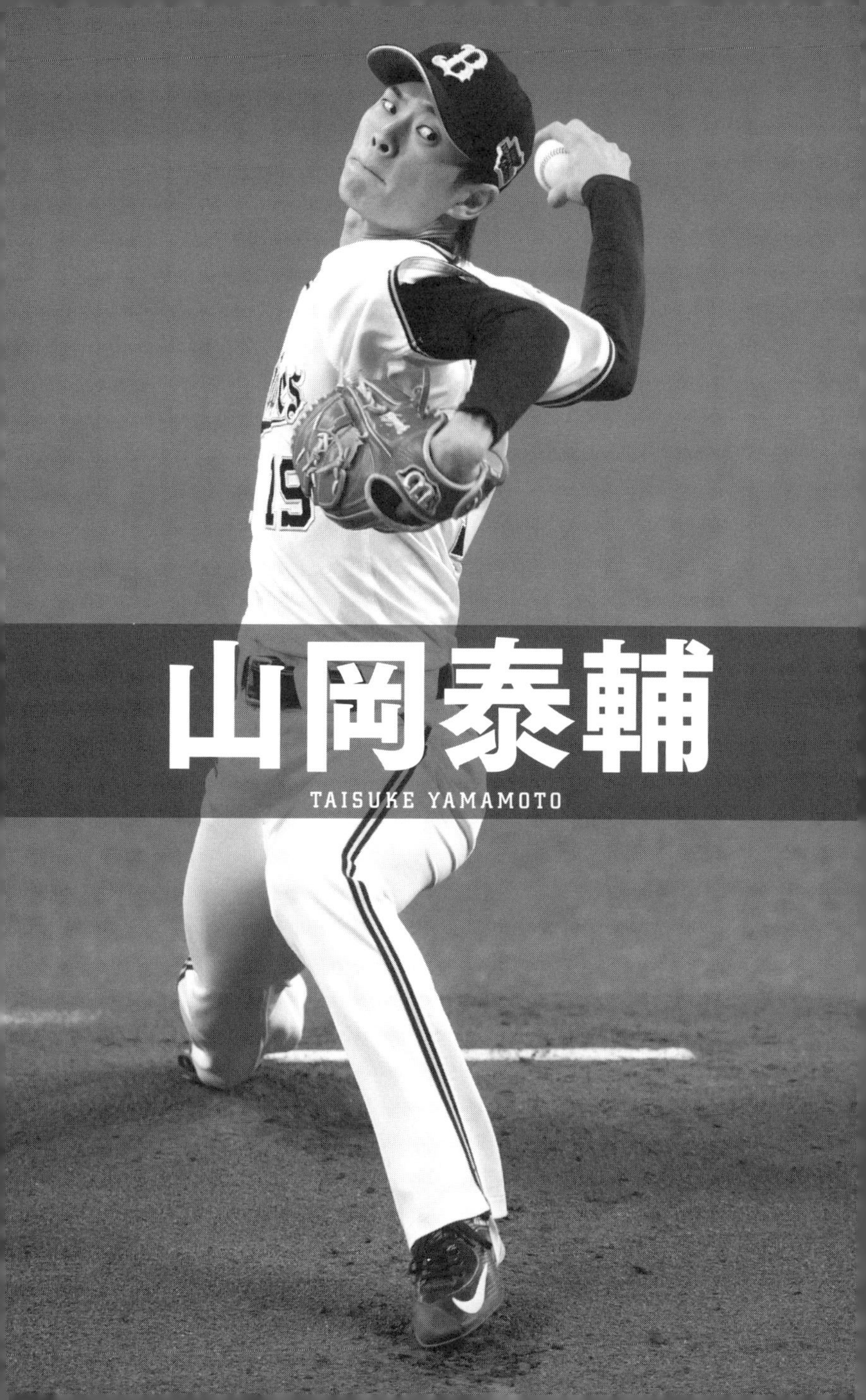

山岡泰輔

TAISUKE YAMAMOTO

仲の良い友達に誘われて入った地元のソフトボールチーム

山岡泰輔は、幾多の猛者が集うプロ野球という世界の中でも〝異色〟の存在だ。

身長172センチ、体重68キロ――。恵まれた体躯を誇り、ひとめで〝アスリート〟とわかるような選手も多いプロ野球選手の中ではひときわ小柄な部類に入る。

私も直接インタビューをしたことがあるが、実際に会ってみると、一般的な男性よりも「小さい」という印象を受けた。

もちろん、プロ野球の世界には山岡のように小さな体で活躍する選手は少なからずいる。

『小柄』とされるプロ野球選手のほとんどは、たとえば身長が低くてもウエートトレーニングで筋骨隆々の肉体を手に入れていたり、逆に『小柄』な体躯を生かして投手であれば変化球や制球力で、野手であればスピードを身上にしたプレースタイルでプロの世界を勝ち残っている。

しかし、山岡泰輔は違う。

最速150キロを超える直球に、代名詞ともいえる大きな縦スライダー。

その投球スタイルは技巧派ではなく、堂々たる本格派そのものだ。


瀬戸内高校時代の投球を動画で見たダルビッシュ有がそのピッチングを絶賛し、東京ガスを経て2016年ドラフト1位でバファローズに入団。

プロ1年目から8勝をあげ、3年目の2019年には13勝4敗で最高勝率のタイトルまで獲得している。


一般的に、投手の球速はその身長と相関関係が強いと言われている。

現在では日本人投手の大型化も進み、メジャーリーグの投手平均身長は190センチを超える時代になった。

それでも、172センチの山岡は『本格派』としてプロの世界で結果を出し続けている。

山岡泰輔
TAISUKE YAMAMOTO

近年は故障に泣くシーズンも続いたが、２０２２年には22試合に投げて６勝８敗、防御率２・60。投球回も３年ぶりに１００を超える１２８回を記録した。

進化を止めない「１７２センチの本格派投手」のルーツは、一体どこにあるのか――。本人の証言をもとに、その少年時代を探ってみよう。

山岡少年がはじめて「野球」に触れたのは、広島市立中野東小学校２年生のころ。仲が良かった友達に誘われて、小学校のソフトボールクラブに入団したのがキッカケだった。特に、「野球がやりたい！」と思ったわけではなく、「友達が入るから」という小学生らしい理由だったそうだ。

「ソフトボールを始める前から、水泳、サッカー、バドミントンをやっていたので、スポーツをすること自体は好きでした。ソフトボールをはじめてからも続けていたのはバドミントンくらい。母親がやっていたので一緒について行って体育館でやっていた程度なので、チームに入って本格的にプレーする、というわけではなかったですね」

体を動かすのが好きな、どこにでもいる小学生――。それが、当時の山岡少年だった。いくつかのスポーツを経験しながら、最終的にソフトボール＝野球にのめり込んだ理由も、いかにも小学生らしいものだ。

「単純に、ソフトボールが一番上達するのが早かったんです。サッカーや水泳も嫌いじゃなかったけど、自分でもソフトボールが一番『向いているな』と。あとは、友達がチームにいて、楽しくやれたのも大きかったですね」

楽しいから、上手くなる。上手くなるから、楽しくなる。

育成世代にとっては当たり前の感情かもしれないが、それが山岡少年をソフトボール好きの少年へと変貌させていった。

ソフトボールをはじめたころから、希望のポジションは投手。ただ、低学年の時は二塁手やライトを守る機会も多かった。

「ピッチャーはずっとやりたくて。今もそうなんですけどバッティングにあまり興味がなかったんです。だから、ソフトボールでも、中学の軟式でも、高校に入ってからも、ピッチャーしかやりたくないという気持ちはずっとありました」

ソフトボールの投手は、ご存じの通り「下手投げ」だ。野球の「上手投げ」とは運動力学の観点から見ても全く違うように思えるが、当時からマウンドに立ち、打者と対峙する「投手」というポジションに大きな魅力を感じていたという。

「チーム自体は弱くもなかったですけど、決して強豪というわけでもなかったです。足は速かったので打順は1番とか3番を打っていましたけど、やっぱりやりたいのはピッチャーでしたね」

当時の練習は、火・木・土・日の週4日が基本。平日は放課後、土日は試合が組まれることが多かった。

「練習がない日は、もちろん友達と近所で野球をして遊ぶことはありましたけど、いわゆる『自主練』みたいに自分を追い込んでやることはなかったです。ゲームしたり、友達と遊んだり、普通の小学生だったと思います」

このころの山岡少年は、将来自分が「プロ野球選手になる」などとは微塵も思っていなかったそうだ。

「卒業文集の将来の夢には『プロ野球選手』って書いていたと思います。でも、それはソフトボールをやっていたからなんとなく書いただけで、本気で『プロになりたい！』なんてまったく思っていませんでした。正直、あまり将来のことは考えていなかったですね……。楽しく生きられればいいかなって（笑）」

本人は笑ってそう答えてくれたが、将来の夢が明確な小学生など、ほとんどいないだろう。その意味でも当時の山岡少年はどこにでもいる普通の野球少年だった。

仲間たちと楽しくソフトボールに興じる小学生時代を送った山岡少年だが、印象深い試合やシーンを聞くと、こんな言葉が返ってきた。

「広島市内に、全国でも優勝するようなソフトボールチームがあったんです。そことは何度か試合をしたんですけど、マジで歯が立ちませんでした。スコアはおぼえていないけど、それこそ毎回コールド負けしていた印象です。人生で初めて〝柵越えホームラン〟を打たれたのもそのチームです」

ソフトボール、特に小学生の場合、外野の間を抜けたり、頭を越えてのランニングホームランはそれなりに生まれる。しかし、外野に設置された柵を越えてのホームランは、めったに見られるものではない。

「同じ小学生なのに、こんなにボールって飛ぶんだ……と衝撃を受けました。勝った試合や抑えた試合はほとんどおぼえていないのに、打たれたシーンだけは記憶に残っています」

プロも意識せず、ソフトボールを楽しんでいた小学生だったと言う山岡だが、記憶に残るのは楽しかった場面ではなく打たれて悔しかった試合――。

そこに、のちの成長にもつながる『負けん気』を感じるのは、考え過ぎだろうか。

中学は軟式野球部に所属
ソフトボールとは「まったくの別物」

小学校を卒業した山岡少年は広島市立瀬野川中学校に進学。そこで、野球部に入部する。ソフトボールから、本格的に『野球』に転向したのがこのタイミングだ。

プロ野球選手の中には、中学の時点でシニアやボーイズなど『硬式野球』を選択する選手も多い。高校入学以降を考えれば、早めに『硬球』に慣れたほうがアドバンテージもあるからだ。

「硬式をやろうなんて、1ミリも考えなかったです。そもそも小学校のころから別に

山岡泰輔
TAISUKE YAMAMOTO

『プロになりたい』なんて考えていなかったですし、ソフトボールのチームメイトがみんな中学の野球部に入ったので、僕もそこに入っただけ。野球部入部は自然な流れでしたね」

これもやはり『普通』の中学生のマインドだ。

入部した野球部は、小学生時代のソフトボールチーム同様、決してスパルタではなく、比較的のびのびと野球をやれる環境だった。

頭髪も厳しくなく、いわゆる坊主頭の選手もいない。

「坊主にするくらいなら野球をやめようと思っていたんで（笑）」

今でこそ『脱・坊主』のチームは増えているが、当時の山岡少年はその中でも少しヤンチャな風貌だった。

「茶髪で、襟足も長かったです（笑）。3年生の最後の夏は県大会まで進んだんですけど、野球部自体30何年ぶりの県大会出場で、周りはいわゆる『真面目に野球をやっている野球部』ばかり。だから、大会の中で僕はかなり浮いていたと思います」

茶髪で県大会出場という、漫画『ルーキーズ』をリアルに体現したような山岡少年擁する瀬野川中学野球部。とはいえ、地区大会を勝ち進み、県大会に進出するようなチームなわけで、もちろん野球の実力も備わっていた。

「入学直後からピッチャーをやらせてもらって、2年生からは試合でもけっこう投げさせてもらいました。ピッチャーとしての自信は中学時代にかなりついたと思います」

ここでひとつ、疑問が浮かぶ。

小学生時代から投手を経験していたとはいえ、ソフトボールからの転向。前述のとおり、『下手投げ』のソフトボールから『上手投げ』の野球への転向は、そんなにスムーズにいくものだろうか。

山岡泰輔

TAISUKE YAMAMOTO

「投げることに関してはそこまで違和感はなかったです。ソフトボールもピッチャー以外は上から投げますし。ただ、スポーツとしては全く別物だったな、というのは今思えば感じますね。小学校でソフトボール、中学校で軟式野球、高校で硬式野球と、それぞれ別の競技をやったな……という感覚です」

別の競技……と言いながら、そこで結果を残してしまうのも驚きだが、『投手・山岡泰輔』として大きなターニングポイントになった事件が、実は中学時代に起きている。

「中学校1年生の終わりごろだったと思うんですけど、身長が当時138センチくらいしかなくて、球も100~110キロくらいで遅いから『ピッチャー、やめろ』って話になったんですね。で、僕は『ピッチャーやれないなら野球もやめる』って部活にも出ずに一時期ちょっとだけグレたんです。それでも『ピッチャーをやりたい』という気持ちが捨てられなくて、ボールを投げずに半年間くらい、ずっと走ってばかりの日々を過ごしたんです。そのころ、ちょうど身長も伸び始めて、2年生の夏前くらいに『そろそろ投げてみようかな』と思ったら130キロ手前くらいが出たんです。そこから一気に抑えられるようになりました」

一度はピッチャーをあきらめかけ、野球からもフェードアウトしそうになったが、「投げずに走り続けた」ことで球速が飛躍的に向上した。

ただ、山岡はこの件についてこうも語っている。

「走ったことが球速アップにつながったのかは、正直わからないです。僕自身、今は『走り込み』をあまり推奨していないので。ただ、体の成長も含めたタイミングがバチっと合ったのが、ちょうど中学1年から2年にかけてだったのかなと」

ボールを投げなかったことによる『休息期間』か、成長期による『体の変化』か、はたまた走り続けたことが要因なのかは、今になってみればわからない。

ただ、「ボールが速くなった」という普遍的な事実がそこにはあり、それが『投手・

山岡泰輔』にとって大きな転機になったのは間違いない。

「抑えられるようになった」ことで山岡はチームのエースになり、前述のとおり3年時には県大会にも出場。本人の記憶では「1回戦負け」だそうだが、区大会、市大会を勝ち抜いての県大会出場は学校としても快挙だった。

楽しくなければ上手くならない
子どもたちにも、そんな環境を用意してほしい

小、中学校時代を通じて「プロになろうなんて思っていなかった」と語る山岡だが、高校入学後の活躍は本章冒頭に記したとおりだ。

プロ野球選手として成功した今、山岡には野球少年やその保護者、指導者に対しても伝えたいことがあるという。

「野球が楽しくなくなったら、楽しくできないようなら、正直そこで終わりだと思っていて。それ以上の成長はないし、好きでいられなければたぶん上手くはならないと思うんです。僕自身、小・中学校時代に厳しい環境でやってこなかった人間なのでそれしか言えないのかもしれないですけど、指導をする上でも『やれ、やれ』と怒るのではなく、どれだけ野球を好きにさせるか……それを考えて子どもたちに接してあげてほしいですね。もちろん、怒ることで伸びる可能性もあるかもしれないけど、それで野球を嫌いになったら本当に終わりなので。僕も中学生までは指導者の方から怒られた記憶はほとんどないし、親からも野球の成績が悪いからって注意された記憶もない。かけられた言葉といえば、いつも『頑張って』でした。大人たちには、子どもが野球を好きになれる環境を用意してあげてほしいなと思います」

友達に誘われて始めたソフトボール、フェードアウトしそうになりながら再び迎え入れてくれた中学の野球部。

坊主でなくても、茶髪でもノビノビと野球をやらせてくれたそんな環境が、山岡泰輔というひとりのプロ野球選手を生んだのかもしれない。

山岡泰輔
TAISUKE YAMAMOTO

山岡泰輔

1995年9月22日生まれ、広島県出身。広島市立中野東小学校2年時にソフトボールを始める。瀬野川中学時代には3年夏に県大会に出場。瀬戸内高校、東京ガスを経て2016年ドラフト1位で指名を受けてバファローズに入団。プロ3年目に最高勝率のタイトルを獲得するなど、先発ローテの「柱」として活躍している。

小学校	広島市立中野東小学校（ソフトボール）
中学校	広島市立瀬野川中学校（軟式）
高校	広島県立瀬戸内高校
社会人	東京ガス
プロ	オリックス・バファローズ（2016年ドラフト1位）

やまおか・たいすけ

宮城大弥

HIROYA MIYAGI

高卒3年間で二度の2ケタ勝利 最強世代をけん引する左腕

いつも、実力で周囲を黙らせてきた——。

オリックス・バファローズの背番号13、宮城大弥はそうやってプロの世界でも成り上がった。

興南高校では1年春からベンチ入りし、3年間で二度、甲子園に出場。3年夏は沖縄大会決勝で敗れ、甲子園出場こそ逃したが侍ジャパンU-18代表にも選出されてワールドカップに出場。

中学時代から世代別の侍ジャパンにも選出され、高校でも3年間、主戦としてプレー。世代を代表する投手なのは間違いない。

ドラフトでも2019年に1位指名を受けてバファローズに入団している。

ただ、高校3年のドラフト時点では決して『世代ナンバーワン』の評価を得ていたわけではない。

2019年ドラフトは高校生投手が豊作と言われており、その中心は佐々木朗希(大船渡/千葉ロッテマリーンズ1位)、奥川恭伸(星陵/東京ヤクルトスワローズ1位)、西純矢(創志学園/阪神タイガース1位)、及川雅貴(横浜/阪神タイガース3位)だった。彼らは当時〝高校ビッグ4〟と呼ばれ、ドラフト前から話題を独占していた。

宮城の指名順位は1位ではあったが、石川昂弥(東邦/中日ドラゴンズ1位)、河野竜生(JFE西日本/日本ハム1位)を抽選で外した上での指名。

筆者自身も当時、ドラフト関連の記事を書く機会があったが、投手としてのタイプを見ても「プロで一軍に上がってくるのは数年後かな」と感じていた。

しかし、宮城はそんな周囲の評価を結果で覆す。プロ1年目からファームで6勝をあげて最多勝を獲得。さらに一軍でも3試合に先発し、11月6日の日本ハム戦でプロ初勝利を挙げる。

そして、2年目。開幕ローテーションを手中に収めると、勝ち星を量産。前半戦だけで8勝をあげ、オールスターゲームでは先発投手部門でファン投票1位に輝いた。シーズン終盤まではチームメイトのエース・山本由伸とタイトル争いをする活躍を見せ、最終的には13勝4敗、防御率2・51で新人王を受賞。

3年目もローテの一角として2年連続2ケタ勝利となる11勝をあげ、チームのリーグ連覇、さらには日本一にも大きく貢献した。

2022年終了時点で、同世代の投手の中では頭ひとつ抜けた実績を残している。完全試合を達成した佐々木朗希や、プロ2年目に9勝をあげた奥川ら、彼らの世代は早い段階から一軍で活躍する選手も多いが、それを牽引しているのが宮城大弥だ。

身長は、171センチ。プロの世界では小柄な部類に入る。

それでも、高卒3年目にしてローテの中心を担うまでに成長した宮城の原点は一体どこにあるのか――。

野球の〝かけ声〟に魅力を感じて4歳で少年野球チームに入団

2001年8月25日、沖縄県宜野湾市に宮城は生まれた。

野球をはじめたのは、なんとまだ4歳のころ。小学校入学よりも前、保育園に通っていたときのことだ。当時を振り返り、本人はこう語る。

「本当に単純なんですけど、近所で野球をやっている〝かけ声〟を聞いたのがキッカケです。僕よりも背の高いお兄さんたちが、なにやら楽しそうなことをしている。僕もやってみたい！　そう思ったんです」

グラウンドの外まで聞こえる野球少年たちの楽しそうな声。

誰に誘われたわけでもなく、まだ4歳の宮城少年はその〝声〟に惹かれた。とはいえ、基本的に少年野球は小学生以上が入部条件であることが多い。

実際、近所に複数あった少年野球チームの中で、入団を許可してくれたのは1チームだけ。それが、志摩志ドラゴンズだった。


「小学生になる前で、もちろん公式戦にも出られない。右も左もわからない子どもがいきなりチームに入ったので、たくさん面倒を見てもらいました。正直、僕自身そのころの記憶は鮮明ではないんです。ただ、卒団時にチームの人からは『もう、小学生以上しか入団させない』と言われました。それだけ大変だったんだろうなと思います(笑)」


4歳での〝特例入団〟を認められた宮城少年は、指導者や年上のチームメイトたちから弟のようにかわいがられ、野球の魅力にハマっていく。

小学校1年生になると試合にも出始めたが、当時からポジションは投手だった。

「僕以外にも入学前からチームに入団していた子もいて、1年生になったらさらに同級生も増えたんですけど自分で『ピッチャーがやりたい』と希望しました。目立ちたかったし、やっぱりカッコ良いので」

野球をはじめたころから投手。もちろん、それ以外のポジションを守ることもあったが、プレーしていて一番魅力を感じたのも、投手という特別なポジションだった。さらに、当時の宮城投手にはもうひとつ、野球選手としては異色の才能が備わっていた。

「小学校3年生くらいまでは、左右どちらでも投げられたんです。そもそも4歳でチームに入団して、利き手すら定まっていない状態だったので自然とどちらでも投げることができるようになりました」

両打ちのスイッチヒッターは聞いたことがあるが、両投げのスイッチピッチャーはほとんど聞いたことがない。小学生レベルとはいえ、左右どちらの手でもボールを投げられたというのは驚きだ。ちなみに、打者としては左打ちで、当時は『両投げ左打ち』の選手だった。

「最終的には『左のほうがカッコ良い』と思って左投げに専念しました（笑）。そこからはずっと左投げで、今に至っています」

4歳でのチーム入団や両投げ……。エピソードを聞くだけなら、かなりおおらかでノビノビ野球をやれるチームだったのかと思いきや、当時の志摩志ドラゴンズはかなり厳しいチームだったそうだ。

「時代は思いっきり平成でしたけど、ドラゴンズは『昭和のチーム』でした。監督もメチャクチャ怖くて、怒られてばかりでした」

平成、令和を経て現在は子どもたちに『楽しく野球をやらせる』チームが増えてきた印象が強いが、当時の志摩志ドラゴンズはバリバリの昭和スタイル。そんな厳しいチームに身を置いていただけに、当然「やめたい」と思うこともあったという。

「怒られて『やめたい』と思うことはありました。でも、もし本当にやめたら今度は両親に怒られるのがわかっていたので……（笑）。どうせ怒られるなら、野球を続けたほうがいいじゃないですか。だから野球を上手くなって、怒られないようになろうとか、上手くごまかしてやろうとか、そういう気持ちでいましたね」

習いごとをやめたいと思うのも、親に怒られるからやめないのも、誰もが経験する『小学生あるある』だ。

ただ、その厳しい練習を経て、宮城少年の野球の実力はメキメキと向上していく。

「1年生からピッチャーをやって、低学年チームでも背番号は1をもらいました。高学年チームに移ったあとも、5～6年生の人数が少なかったこともあって4年生から1番をつけていたと思います。当時はチームにピッチャーが2～3人はいて、投げないときはファーストを守ることが多かったですね。ただ、左投げだったけどショートを守ったこともあります。少年野球ではそんなに珍しくないんじゃないですかね？」

本人は「珍しくない」と言うが、小学生でも『左投げの遊撃手』はそれなりに稀有な存在だ。もちろん、それだけの実力がなければ任されることはないだろう。

「チームメイトのお父さん、お母さんから、『上手い』と言ってもらえることが多くなってきて、自分でも野球の実力に少しだけ自信が持てるようになっていきました。好きなのはピッチャーでしたけど、バッティングも得意だったのはおぼえています」

エースナンバーを背負い、打順も上位。チームの中心選手としてプレーした宮城少年。小学校6年生時点では球速も120キロ近く出ていたという。

「地域でスピードガンコンテストがあって、僕はちょうどケガをしていて投げられなかったんですけど、たしか一番速かった子が118キロだったんです。みんなから『お前と同じくらい出ている』と言われて、『あぁ、僕もそのくらい出るんだ』と思ったのを憶えていますね」

小学校6年生としては、かなり速い部類だ。それだけのスピードを誇る小学生であれば地域でも無双していたと思いきや本人いわく「上中下でいったら『中』くらいのチーム」だったという。

「最高でも県大会進出くらいだったので、けっして『強い』わけではなかったです。同じ地区に宜野湾ベースボールキッズというチームがあって、そこがいつも優勝していたイメージですね。マクドナルド杯（※軟式少年野球の全国大会）に出るようなチームだったので。連戦連敗というわけではないけど、大きい大会、ここ一番の試合では負けることが多かったです」

あこがれの先輩のあとを追って、中学からは硬式野球の世界へ

小学校を卒業し、志摩志ドラゴンズも卒団した宮城少年は、中学入学と同時に硬式野球チームの『宜野湾ポニーズ』に入団する。チームを選んだ最大の理由は、『あこ

がれの先輩』の存在だった。

「ドラゴンズの4学年上に玉那覇優真さんという方がいて、宜野湾ポニーズで世界大会にも出場されたんです。僕と同じ左ピッチャーで、ずっとあこがれの先輩でした。僕が入団すると同時に卒団されたので同じチームでプレーすることはできなかったですけど、玉那覇さんがいたチームでやりたいと思って入団しました」

宜野湾ポニーズでの3年間で印象深いシーンを聞くと、真っ先に出てきたのが2年時に出場したジャイアンツカップだった。

ジャイアンツカップ——。正式名称『全日本中学野球選手権大会 ジャイアンツカップ』。シニア、ボーイズ、ポニー、ヤングといった中学硬式野球のチームが連盟の垣根を超えて『中学日本一』を争う全国大会だ。

宮城少年擁する宜野湾ポニーズは、2015年に出場している。

「中学の硬式野球では一番大きな大会ですし、結果は1回戦負けだったんですけど、それを経験できたのは大きかったです」

当時の記録を見ると、確かに宜野湾ポニーズは1回戦で兵庫のヤング姫路アイアンズに敗戦。宮城少年はこの試合で先発し、6回を完投するも5失点で敗戦投手になっている。それでも、中学2年生で全国の舞台を経験し、マウンドに立ったことはのちの野球人生においても大きな糧になったという。

ジャイアンツカップ出場を経て、中学3年になった宮城少年は、もうひとつ大きな勲章を手に入れることになる。それが、『2016 WBSC U-15ワールドカップ』への出場だ。冒頭にも書いたように、宮城少年はU-15日本代表としてこの大会への出場を果たしている。

「実は、侍ジャパンにU-15のカテゴリがあることも、ワールドカップがあることも知らなかったんです。沖縄のポニー連盟の人からチームの監督に『こういうのがある

宮城大弥

HIROYA MIYAGI

んだけど』と誘っていただいて、セレクションを受けたら合格できました」

U－15代表の存在も、ワールドカップの開催も、直前まで「知らなかった」。ただ、せっかくの機会、自分の実力を試してみたいとセレクションに挑戦することにした。

「当日はメチャクチャ緊張しました。内容はピッチング、バッティング、ノックの様子を関係者の方が見る、みたいな感じだったと思うんですけど、僕は普段はやらないファーストにも回ったりしてアピールしましたね」

もちろん、本職の投手として選ばれたい気持ちが強かったが、事前に周囲から「どこでもできることは見せたほうがいい」と言われ、慣れないポジションでも懸命にアピール。その甲斐もあってか、宮城投手は無事にセレクションに合格し、ワールドカップに出場。日本史上最高成績となる2位に輝いた。

大会中に首脳陣からの信頼を勝ち取り、チームの準優勝に貢献

U－15侍ジャパンへの選出は、名門校や、もっと言えばその後のプロ入りへの〝登竜門〟のようなものだ。

侍ジャパンの各カテゴリを取材するスポーツライター・高木遊氏は、当時の宮城少年の印象をこう語ってくれた。

「代表メンバーのほとんどが、その後『名門』と呼ばれる高校に進学する選手ばかりでした。メンバーの中にはのちにプロ入りする及川雅貴投手もいましたが、宮城投手も印象に残っている選手のひとりです」

長年、育成世代の選手の取材を続ける高木氏は、のちに高校や大学、プロで活躍する選手の共通点に『技術がしっかりしている選手』をあげてくれたが、宮城もまさに

そんな印象だった。

「身長は今とほとんど変わらなかったと思いますが、ボールにキレもあって、『試合を作れるタイプ』というイメージが強いです。特に印象的なのは、大会中に首脳陣の信頼を実力で勝ち取っていったこと。2戦目までは途中出場でしたが、3戦目の韓国戦に1番・ライトでスタメン出場して2安打、5戦目のコロンビア戦でも1番・レフトでスタメン出場して途中、マウンドにも立っています。そうやって少しずつ出場機会を増やして、決勝のキューバ戦ではリリーフで3回を無失点。この試合は先発の及川らが打ち込まれて早い段階で大量リードを許したんですが、宮城がリリーフでしっかりと抑えたことで試合を壊さなかった、という印象です」

2年時に全国の舞台を経験しているとはいえ、初の国際舞台でいきなり実力を発揮できる中学生など、なかなかいない。ただ、宮城少年にはそれを成しえるだけの技術と、精神力がすでに備わっていた。

「大会が終わった後、鹿取義隆監督が選手を集めて大会を総括するようなミーティングを行ったんですけど、そこで号泣していたのも強く印象に残っています」

負けん気の強さも、当時から人一倍強かった。

高木氏は、さらに続ける。

「3年後に行われたU－18ワールドカップでも、宮城は同じように大会中に出場機会を増やしていいます。大会前までは佐々木朗希、奥川恭伸らが中心と考えられていましたが、コンディションなどの問題もあって、徐々に宮城や西純矢らがチームの中心になっていきました」

プロの舞台でも同じような現象が起きていると言えないだろうか。

ドラフト時の評価は決して『ナンバーワン』ではなかったが、プロ3年間を通して実力で出場機会をつかみ、結果を残した。

中学校3年生で経験した世界の舞台で、宮城少年はのちの飛躍を予感させる活躍を見せていたのだ。

中学生で身長が止まるも、持ち前の負けん気で選手としてさらに成長

U－15ワールドカップが終わると、宮城少年は学校から表彰を受けることになった。部活動ではなく、学校外のクラブで野球をプレーしていたため、周囲からは「そんなすごい選手が同じ学校にいたんだ」と驚かれたという。

「野球部の同級生は僕がポニーでプレーしていることは知っていたと思うんですけど、それ以外の同級生はたぶん、ほとんど知らなかったと思うので。ただ、表彰を受けたからといって何か変わるようなことはなかったです。もちろん、みんな祝福してくれたし、驚いてもくれましたけど。正直、少しはモテるかなとも思いましたが、全然でしたね（笑）」

2年で全国大会、3年で世界大会に出場しても、『部活動』ではないため、学校内では大きく話題になることはなかった。

それでも、中学硬式野球という舞台で結果を残し、宮城少年は着実に野球選手としてステップアップしていった。

ただ、自身が思ったほど〝伸びなかった〟ものもある。それが、身長だ。

「小学校6年生の時点で165センチくらいはあったんです。中学に上がってからも2年生になるまでに5センチくらい伸びたんですけど、そこで止まりましたね。中学2年以降は、それまで自分より小さかった同級生がどんどん自分を追い抜いていきました」

成長期には、当然個人差がある。小学校時代に急激に身長が伸びる子どももいれば、中学、高校以降で成長期を迎えるケースもある。宮城少年の場合は、典型的な『早熟タイプ』だった。

育成世代では、『早熟タイプ』の選手が高校以降、伸び悩んでしまうケースが多々見られる。身体が大きかった小学校、中学校時代はそのアドバンテージを生かして結果を出せるが、周囲に身長で追いつかれたあたりからパフォーマンスを落としてしまう。

ただ、宮城少年の場合、身長こそ『早熟』だったが選手としてはその後もしっかりと伸びることができた。

「同級生にも野球が上手い選手が多かったですし、チームメイトには負けたくないという思いが強かったです。『1番』を背負いたいという気持ちでピッチングも、もちろんバッティングもやっていました」

身長では自分を追い抜くチームメイトがいても、野球では負けたくない。その思いが、野球選手・宮城大弥をさらに大きく成長させた。

「小学校、中学校で一緒にプレーした小濱佑斗っていう選手がいるんですけど、幼なじみであり、親友であり、チームメイトであり、小学校時代はバッテリーも組んでいました。チームではキャプテンで、バッティングも良くて、みんなを引っ張っていくような選手だったので、彼にエースを奪われないように、という気持ちは強かったですね」

宮城が「幼なじみで、親友」と語る小濱佑斗選手は、高校は中部商業でプレーし、現在も社会人野球の沖縄電力で現役を続けている。

「沖縄に帰ったら連絡を取りますし、彼もプロを目指しているので。高校の時から『プロ注目』と言われていましたし、いつかはプロの舞台で一緒にやりたいですね。もし、また同じチームでやれたら、最高だなって」

投球フォームの原点は、小学校時代の指導にある

身近に強力なライバルの存在があり、切磋琢磨することで野球選手として成長してきた宮城少年。

プロの舞台で結果を残した今、あらためて自身の少年時代を振り返り、思うことはなにか――。

「本当にいろいろな思い出がありますけど、今の僕があるのは当時、指導してくれた方々のおかげです。たとえば僕のフォームの特徴でもある『インステップ』。小学校時代、それを変に直すのではなく、そのままの形で練習させてくれた。足の上げ方とか、少しは変わっていますけど、僕のフォームを固めてくれたのは小学校の監督なので。セオリー通りだったら『直せ』って言うと思うんです。でも、それをせずに僕に合った指導をしてくれたことは、野球選手として本当に大きかったと思います」

セオリーに惑わされず、選手個々の特徴、個性を理解する指導者の存在が、宮城少年をプロで活躍する左腕にまで導いた。

ライバルの存在。そして、理解ある指導者——。

野球選手にとって、『少年時代』の環境がいかに大切か、宮城大弥のルーツを探ることで、改めて実感できた。

宮城大弥

HIROYA MIYAGI

宮城大弥

2001年8月25日生まれ、沖縄県出身。4歳の時に志摩志ドラゴンズに入団して野球をはじめる。中学は宜野湾ポニーズでプレーし、2年時にジャイアンツカップ、3年時にはU-15侍ジャパン代表としてワールドカップに出場。興南高校を経て2019年ドラフト1位でバファローズに入団。2年目からは先発ローテの一角に定着。2021年パ・リーグ新人王を獲得。

小学校	志摩志ドラゴンズ(軟式)
中学校	宜野湾ポニーズ(硬式)
高校	興南高校
プロ	オリックス・バファローズ(2019年ドラフト1位)

みやぎ・ひろや

若月健矢
KENYA WAKATSUKI

エース・山本由伸の女房役
パンチ力のある打撃でも連覇に貢献

2022年、パ・リーグ連覇と26年ぶりの日本一に輝いたオリックス・バファローズの特徴のひとつが、捕手の併用制だ。

中嶋聡監督は投手との相性などを見ながら正捕手を固定せず、2022年は主に3人の捕手を一軍で起用。

そのうちのひとりが、エース・山本由伸ともバッテリーを組む若月健矢だ。

花咲徳栄高校から、2013年ドラフト3位でバファローズに入団。

プロ2年目に一軍デビューを果たすと、徐々に出場機会を増やして2017年からは3年連続で100試合以上に出場。

近年は前述の捕手併用制の採用で出場数こそ3年連続で100試合を切っているが、2022年は68試合の出場で打率・281、4本塁打と打撃面でもチームに貢献した。2019年にはリーグトップとなる盗塁阻止率・371をマークするなど、強肩ぶりでも知られる。

そんな若月が小学校時代にプレーしたのが地元・埼玉県加須市の少年野球チーム『大桑ジャイアンツ』だ。チームへの入団は小学校1年生。

当時、下級生主体のBチームの監督を務めた田島隆蔵さん、コーチを務めた飯田育雄さん、橋本幸一さん、さらに、若月少年の1学年下でバッテリーも組んだ飯田洸太郎さんに、小学生時代の若月少年のエピソードを聞いた。

「入学当初のことは、正直そこまで憶えていないんです。ただ、3年生の時点では4年生が主力だったBチームの試合にレギュラーとして出ていました。当時から光るものはあったんだな、と改めて思いますね」

そう語ってくれたのは、チームを率いた田島さんだ。

また、後輩として若月少年を見ていた洸太郎さんは、当時をこう振り返る。

「とにかく、バッティングがすごかったイメージです。細かな技術というよりはパワー。打球の強さや飛距離はメチャクチャすごかったです」

チーム関係者が口をそろえたのは、そのパワーのすごさだ。

バッターとしては典型的な引っ張り型で、当たれば飛ぶ。また肩の強さも一級品。少年野球では盗塁をなかなか刺せないキャッチャーも多いが、若月少年の場合、試合前のボール回しで見せる二塁送球のすごさから、相手チームが盗塁を自重するケースも多かったそうだ。

小学生離れしたパワー 強肩強打でチームの中心に

ただ、パワフルなプレーの反面、細かなプレーや技術では粗っぽさも見え隠れした。チームではトップの肩の強さを誇りながら、投手をやらなかったのはコントロールが悪かったから。

ボールは速いので、ストライクさえ入れば打たれない、というレベルだったそうだが、いかんせんそのストライクが入らない。

田島さんは当時、「上手い子はピッチャー、キャッチャー、ファーストを守らせる」という方針をとっており、若月はそんな理由もあって小学生時代からキャッチャーとしてプレーすることになる。

若月健矢
KENYA WAKATSUKI

6年生のころには、打順も4番を任されるようになった。身体も大きく、打球の速さは小学生レベルではなかったという。

打撃練習時にはコーチや保護者が守備に入るケースもあったが、若月少年が打席に入ったときは、三遊間を守るのが大人でも「怖かった」そうだ。

母校でもある大桑小学校のグラウンドで、校舎に打球を直撃させたこともあった。

持ち前の体格とパワー。ただ、それ以上に夢中になって野球をする姿が、指導者の記憶には残っている。

たとえば、土日の練習時の昼休憩。若月少年は誰よりも早く弁当を平らげ、真っ先にグラウンドへ出てくる。監督やコーチに対して「早く練習しようよ！」というアピールだ。

キャプテンも務めていたが、若月少年率いる大桑ジャイアンツは秋のスポーツ少年大会で県大会に出場し、ベスト8の結果も残している。

大会での優勝回数は、当時の記録を見ると1年間で6回。年間のチーム成績は80勝16敗1分、勝率・833という驚異的な数字だった。

ただ、勝率以上に驚きなのがその試合数だ。年間100試合近くをこなしており、それも「大会で勝ち上がることが多いから」と田島さんは語る。

勝ち上がれば必然的に試合数が増え、大会を掛け持ちするようになる。強いチームであればあるほど、年間試合数は比例して増えていく。

ただ、当時の大桑ジャイアンツは決して若月少年の代だけが突出して強かったわけではない。2学年上には兄の拓郎さんが所属していたが、その代は6年生だけで20人を超える大所帯チーム。上級生のAチームを2チーム作れるほどで、県大会では夏準優勝、秋優勝という結果を残している。

チーム全体のレベルが高く、小学校1年生から在籍していた若月少年は、身近な兄も含め、そんな先輩たちの活躍ぶりを当然見ていた。そんな環境があったからこそ、野球に打ち込むことができたのかもしれない。

当時の若月少年を振り返って、のちにプロ野球選手になることを想像できたか――。そんな話を振ると、指導者と後輩からは正反対の答えが返ってきた。

監督の田島さんは、こう言う。

「ウチのチームから、プロ野球選手が出るなんて夢にも思っていませんでした。埼玉の田舎町ですし、野球は確かに盛んで、彼もチームの中では中心選手だったけど、『まさか、プロに入るとは……』というのが正直な感想です」

一方、後輩の洸太郎さんの印象は180度違う。

「僕は、健矢さんは絶対にプロに行く、と思っていました。小学校4年生の時点で、バッティングに関しては頭ひとつ抜けていたし、たとえば紅白戦や練習で外野を守っていると、健矢さんの打球がすごすぎて、打球が飛んでくるのが逆に楽しみなんです。僕は中学まで一緒にプレーしていたので、そういう思いも強いのかもしれないですけど」

ふたりの元チームメイトが語る若月少年の〝ヤンチャ〟エピソード

同級生と比べると、特に打撃面では突出した才能を見せていた若月少年。

小学校を卒業し、中学に進学すると、部活動ではなく硬式野球の『加須シニア』に入団する。

中学生時代の若月少年について語ってくれたのが、当時のチームメイトでバッテリーも組んでいた川又政衛さんと、キャプテンだった福田柾人さん（旧姓・高橋）、そして、現在チームの監督を務める永島茂幸さんだ。

川又さん、福田さんのふたりは、中学1年から3年間、加須シニアで若月少年とチームメイト。ただ、入団前からその存在は知っていた。

「少年野球時代にも対戦したことがあって、僕の所属するチームはけっこう走るチームだったんですけど、かなり刺されていたんですね。それで、『肩の強いキャッチャーがいるな』と印象に残っていたんです。それが健矢でした」

のちに加須シニアでエースとなる川又さんは、こう語る。

そしてこの「肩が強い」という印象は、チームメイトになっても変わることはなかった。

「健矢とバッテリーを組んで、盗塁された記憶はほとんどないです。それくらい肩は強かったし、あとはパワーですね。器用なほうではなかったので典型的なパワータイプでした」

そのあたりの印象は、小学生時代の指導者とも共通する。

下級生のころから上級生の遠征にも帯同し、試合に出場することもあったという。当時の加須シニアは伝統的に学年別で紅白戦を行っていたが、全国大会にも出場した1学年上のチームに対しても延長戦まで持ち込むなど、若月少年の代も粒ぞろい。

ただ、正捕手は4番も務め、卒業後に埼玉栄に進学するような先輩がいたため、3年生になるまでレギュラーではなかった。

プレー面で同級生が「こいつ、やべぇな。もしかしたらプロ行くかも」と感じたというのが、3年夏の全国大会2回戦。若月少年は広島西シニアを相手に神宮球場のレフトスタンド中段まで飛ばすホームランを放った。プロ並みの飛距離に、チームメイトも度肝を抜かれたという。

また、夏の予選大会1回戦で放ったサヨナラホームランも印象深いと言う。福田さんいわく「何メートル飛んだの？」というくらいの特大の一発で、パワーはもちろん当時からその勝負強さも際立っていた。

ただ、それほどの打力を誇りながら、当時の打順は6番。チーム全体のレベルが高かったこと、1〜4番までは足が速く、出塁率の高い選手を置くというチームの方針も、そこにはあった。4番までに塁上に走者をため、5〜6番でかえす。これが、当時の加須シニアの得点パターンだった。

監督に言い放った、衝撃のひとこと「坊主にしたら、野球が上手くなるんですか?」

豪快だったのはプレーだけではない。

小学生時代から見せていたヤンチャの片鱗が、中学生時代に開花。練習をサボっているところを見つかり、監督やコーチに怒られることもよくあったという。

そのたびに、キャプテンだった福田さんにも叱責の声が飛んだ。

「若月のせいで、何度怒られたかわからないです」

福田さんは、苦笑いしながらそう語ってくれた。

こんなこともあった。ある日、当時の監督が若月少年に「髪が伸びているから切ってくるように」と注意した。すると、若月少年はこう言い返した。

「坊主にしたら、野球が上手くなるんですか?」

川又さんは「こいつ、度胸あるな、と思いました」と笑うが、その後、キャプテンの福田さんがこっぴどく怒られたのは言うまでもない。

チームのキャプテンは福田さんだったが、良くも悪くも『中心人物』は若月少年だった。

「チームの中には、真面目にやる選手と、サボる選手がどうしても出てくるんですけど、若月がやればみんなやるし、やらなければみんなサボる。そんな感じでした」

そんな若月少年の野球に対する姿勢が変わったのが、中学2年秋。新チームで迎えた秋の関東大会だった。勝てば翌年春に行われる全国大会に出場できるという2回戦。この試合で、加須シニアは逆転負けを喫する。

この試合を機に、若月少年をはじめ、チームのスイッチが一気に入った。

チームメイトから見ても、その変化は明らかだった。嫌がっていたグラウンド整備も率先してやるようになり、なにより練習に対する姿勢が劇的に変わった。保護者からも「若月君、真面目にやるようになったね」という声が出たという。

川又さんには、忘れられないエピソードがある。

中学の後半でも野球に対する姿勢の変化は見て取れたが、花咲徳栄高校に進学したあと、若月本人からこんな言葉をかけられた。

「俺、野球の練習楽しくなっちゃったんだけど、どうしたらいいかな?」

川又さんにとっては衝撃的な言葉だった。

「中学時代の成功体験があったからなのかはわからないですけど、あれだけ練習嫌いだった健矢が、『練習が楽しい』と言うなんて、ちょっとビックリしましたね。高校に入ってからさらにスイッチが入ったのかなって」

福田さんも、中学時代からの変化には驚きを隠せない。

「特に中学の前半は、能力で野球をやっているように見えたので。悪い言い方をすれば『センスと能力があれば、練習しなくてもやれるだろ』みたいな。でも、そもそもそれだけの能力があった若月が、練習を楽しくやるようになったら、そりゃプロにも行くよな、と納得できる気もします」

最後の夏は全国ベスト8 対戦相手には、のちのプロ野球選手も……

野球への取り組み方に変化が生まれた若月少年を中心に、チームは団結。

3年生最後の夏は、目標としていた全国大会への切符を手にすることになる。ふたりが衝撃を受けたという神宮球場中段へのホームランも、この大会で放ったものだが、チームとしては最終的にベスト8まで勝ち上がった。

最後の対戦相手は、松井裕樹（東北楽天ゴールデンイーグルス）、楠本泰史（横浜DeNAベイスターズ）という、のちにプロ入りする選手をふたりも擁していた神奈川の青葉緑シニアだった。ちなみに、楠本はその後、花咲徳栄高校に進学し、若月少年とチームメイトになる。

試合は3対4で敗戦。若月少年はこの試合で松井からレフトへ特大の当たりを放ったものの、前の試合でのホームランを警戒されてか、外野がフェンス際まで下がって守っていたため、あえなくレフトフライに打ち取られたそうだ。

蛇足だが、中学時代の松井についても少しだけ話を聞いてみた。

この試合で松井と投げ合った川又さんは、こう語る。

「それこそ、『こいつは絶対プロに行く』と思いました(笑)。カーブでかんたんにストライク取ってくるし、『すごい奴いるな』と思ったら、2年後に甲子園で奪三振記録を作って。『そりゃすごいわ』と納得しました」

また、この最後の夏、加須シニアが対戦したのちのプロ野球選手は松井、楠本だけではない。全国大会出場をかけた県予選5回戦では、浦和シニアの上林誠知(福岡ソフトバンクホークス)と対戦。この試合、上林は2本のホームランを放っているが、そのうちの一本は、川又さんが打たれたものだ。

若月健矢
KENYA WAKATSUKI

「ボールになるスライダーだったんですけど、打球が切れないんです。リストが強くて、ボールを引き付けて最後にガツン！　と打たれたイメージ。松井もですけど、上林も『怪物だわ』と思いました」

今も中学時代から変わらない元チームメイトとの関係性

グラウンド外でも、加須シニアのメンバーは仲が良かった。お決まりのプレイスポットは、『イオンモール羽生』。通っている中学は違ったが、夏休みで練習が休みの日などはみんなで集まって遊びに行くことも多かった。

プライベートの若月少年は、「無邪気な悪ガキ」。坊主で体も大きかったので、それなりに迫力もあっただろう。

ただ、決してお山の大将ではなく、仲間に対しては優しい一面を持っていた。

「だからかもしれないですけど、若月の周りには不思議と人が集まるんですよね。ただ、今のようにインタビューで面白いことを言うキャラクターではなかったです。中学のころは、むしろ周りに『言わせる』側だったので（笑）」

加須シニアを卒団し、それぞれ別の道を歩む今も、若月健矢とチームメイトの関係は続いている。

コロナ禍以降はなかなか会える機会が作れていないが、福田さんは「日本一にもなったし、みんなでお祝いしたい」と話してくれた。

川又さんの高校時代の後輩・大下誠一郎選手もバファローズに在籍しており、若月と大下、ふたりから電話がかかってくることもあるという。

今も付き合いがあるふたりが口をそろえて言うのは若月が「あのころと全然変わらない」ということ。

若月健矢
KENYA WAKATSUKI

プロになっても、中学校時代ともにプレーした仲間であること、そしてその関係性も、きっと一生変わらないのだろう——。

若月健矢

1995年10月4日生まれ、埼玉県出身。小学校1年生で大桑ジャイアンツに入団し、野球をはじめる。加須シニアでは6番捕手として3年夏に全国ベスト8。花咲徳栄高校を経て、2013年ドラフト3位でバファローズに入団。2021年、2022年には山本由伸とともに2年連続で最優秀バッテリー賞に輝いた。

小学校	大桑ジャイアンツ（軟式）
中学校	加須シニア（硬式）
高校	花咲徳栄高校
プロ	オリックス・バファローズ（2013年ドラフト3位）

わかつき・けんや

若月健矢

KENYA WAKATSUKI

紅林弘太郎

KOTARO KUREBAYASHI

実はサッカーがやりたかった少年時代 両親のすすめで野球チームに入団

2022年、パ・リーグ連覇を果たし、26年ぶりに日本一にも輝いたオリックス・バファローズ。その原動力が〝若い力〟だったのは間違いない。

主力の多くが20代で、野球選手として完成された時期というよりはまだまだ発展途上の選手ばかり。それもまた、バファローズが今後〝黄金時代〟を築くことを予感させる大きなファクターのひとつになっている。

そんな成長著しい若手選手の代表格が、紅林弘太郎だ。駿河総合高校から2019年ドラフト2位で指名を受けてバファローズに入団。1年目から一軍デビューを果たし、2年目の2021年には136試合に出場して早くもレギュラーを獲得。2022年も130試合、打率・224、本塁打6本、打点32を記録した。

近年は高卒選手が早い段階から一軍で活躍するケースも珍しくなくなってきたが、紅林の場合はポジションが遊撃手。しかも、身長186センチ、体重94キロという日本人には珍しい「大型遊撃手」でもある。

打撃はもちろん、守備の負担も大きなポジションなだけに、高卒入団の選手がプロ2年目で一軍レギュラーに定着するケースは決して多くない。

紅林以前に高卒2年目で遊撃手のレギュラーを獲得した選手となると、坂本勇人（読売ジャイアンツ）までさかのぼることになる。

スケール感たっぷりの打撃はもちろん、深い守備位置からでも走者を刺せる強肩は魅力十分。将来的には長打も放てる大型遊撃手として、球界を代表する選手に成長してほしい存在だ。

また、実力だけでなくそのキャラクターも魅力たっぷり。

紅林弘太郎
KOTARO KUREBAYASHI

チームメイトの多くから、天然かつ豪快な「破天荒エピソード」が語られるなど、プライベートでも大物感たっぷりだ。

そんな大物・紅林弘太郎が生まれたのはサッカー王国として知られる静岡県藤枝市。生年月日は2002年2月7日。日韓ワールドカップを控え、日本国中に〝サッカー熱〟が渦巻いていたころだ。

幼少期の紅林少年も、野球ではなくサッカーに熱中していたという。小学校入学以降も、本人は「野球ではなく、サッカーをやりたい」と考えていたというが、ここで転機が訪れる。紅林本人は、当時をこう語る。

「父が野球、母がソフトボールをやっていて、僕には野球をやらせたかったんだと思います。1学年上のいとこも野球をやっていて、そのお父さんからも『野球、やってみればいいじゃないか』って誘われましたね。でも、本音を言うとサッカーがやりたくて……(笑)」

幼いながら、「サッカーがやりたい」という思いを抱いていた紅林少年。ただ、強固かと思われたその意志は、意外な理由で覆ることになる。

「当時、ポケットモンスターが流行っていたんですけど、父が『ポケモンの筆箱買ってあげるから、野球やりなさい』って言うんです。それで、野球をやることになりました」

サッカーよりも、ポケモン……。両親のニンジン作戦にまんまと釣られた紅林少年は、地元の少年野球チーム『青島ホークス』に入団することになる。それが、小学校2年生の話だ。

とはいえ、ずっと「サッカーがやりたい」と思い続けていた紅林少年。未練を断ち切るには時間がかかったのでは……と思いきや、練習初日、とあるキッカケで一気に野球にのめり込むことになる。

紅林弘太郎
KOTARO KUREBAYASHI

「はじめて練習に参加した日に、いきなり試合に出させてもらったんですけど、そこでツーベースを打ったんです。ルールもわからないから二塁ベースをそのまま通過してアウトになったんですけど、みんなに『すごい！』って褒めてもらえて『なんだ、野球めっちゃ楽しいじゃん』って（笑）」

単純な理由に思えるかもしれないが、成功体験と他人に褒められる経験は、子どもにとっては大人が思うより効果的なのだろう。チームへの入団初日で野球の魅力に一気に引き込まれた紅林少年は、そこから野球漬けの日々を送ることになる。

投手兼捕手としてプレーも、坂本勇人にあこがれた小学生時代

大好きだったサッカー以外にも、水泳や空手も習っていたが、いつしか『野球一本』に。同学年の子どもたちよりも体が大きかったこともあり、メキメキと頭角を現していった。

「小学校のころはピッチャーかキャッチャーをやることが多かったです。身体も大きいし、ボールも速いほうだったと思います。ただ、自分の中ではずっと『ショートがやりたい』という思いが強かったんです」

プロの舞台では、『大型遊撃手』としてプレーする紅林だが、小学校時代のポジションは投手と捕手の兼任。少年野球では一番上手い選手が投手を任されるのが一般的だが、それでも紅林少年のあこがれは『遊撃手』だった。

「坂本さんにあこがれていたんです。ジャイアンツでレギュラーのショートとしてプレーされていて、バッティングも守備もかっこよくて。だから野球の花形といえばショート、というイメージが強かったんです」

今も巨人でプレーする坂本が一軍レギュラーに定着したのは2008年。紅林少年が青島ホークスでプレーした時期はちょうど、坂本が一流選手への階段を駆け上がっているタイミングだった。

攻守ともに抜群の華を持つ坂本のプレーに、紅林少年が憧れたのも無理はない。

青島ホークスではチーム事情もあり、遊撃手への思いを胸に秘めながら投手と捕手をこなしていたが、それでも野球を「楽しい」と思う気持ちは揺るがなかった。

「練習は土日と、平日が水曜日と金曜日の放課後。当時の監督さんは厳しい人だったんですけど、愛情があるというかノビノビやらせていただけたんですね。それは今でも憶えています」

厳しい練習の中でもノビノビと野球ができたというが、チームとしても地区内では『強豪』に位置していたという。

「バッテリーを組んでいた同級生が小学生なのに170センチくらいあったんです。その選手が投げるときは僕がキャッチャーで。ほかにも体が大きい選手がけっこういて、ガタイだけは良いチームでしたね（笑）。ただ、同じ地区に青島東北野球スポーツ少年団っていうチームがあって、そこにいつも負けていた思い出があります。一度だけ、県大会に2チーム出られることがあって、そのときも決勝で負けてしまったんですけど、準優勝で県大会に出場できたことがありました。ベスト4まで勝ち進めて、それが小学生時代の最高成績です」

ちなみに、紅林が語る「170センチくらいあった同級生」というのは、藤枝東高校から筑波大に進学した堀田伊吹投手のこと。高校時代には2年からエースとしてプレーし、大学入学時点で身長194センチという超大型右腕。紅林少年と堀田少年は、その後、中学でもチームメイトとしてプレーすることになる。

小学校時代の最高成績は「県大会ベスト4」。堂々たる結果だが、ライバル・青島東北の存在もあってなかなか優勝には届かなかった。

「それでも、市が開催する大会で一度、優勝できたことがあったんです。そのときは青島東北が他のチームに負けていたので直接対戦はしなかったんですけど、結果とし

紅林弘太郎
KOTARO KUREBAYASHI

て優勝できた。いつも優勝には届かずに悔しい思いをしていたので、その大会で優勝したことは本当にうれしかったですね。準決勝で2打席連続ホームランを打ったんですけど、それもあって印象に残っているのかもしれないです」

ライバルは1学年上の兄と、同学年のスター選手・森敬斗

小学校を卒業した紅林少年は青島中学校に進学。経歴では『青島中学校野球部でプレー』とあるが、実は入学してから約半年間、地元の硬式野球チーム・島田ベイスターズボーイズ（現島田ボーイズ）に入団している。

「中学に入学する時点で高校でもプレーしたいと思っていたので、早く硬式野球に慣れておきたいという思いがありました。それと1学年上の兄も（島田ベイスターズボーイズに）入っていたのが大きかったですね」

紅林には、1学年上に兄・将太さんがいる。左投げ左打ちの選手で、野球センスは「僕よりも兄のほうが上」と語るほどの選手だった。

「僕は背が高くて、そのころはひょろっとしていたんですけど、兄はそこまで背は高くないけどがっしりしたタイプ。1学年しか離れていないんで毎日のようにケンカしていました。当然、僕がいつも負けるんですけど、泣きながら家の外に飛び出して素振りしていましたね。『野球ではお兄ちゃんには絶対に負けない！』って思いながら(笑)」

小・中学校と同じチームでプレーした兄の存在は、もっとも身近な目標であり、ライバルだった。紅林自身も「中学校までは同じチームだったし、兄に負けたくないという思いでやっていました」と語る。

そんな兄もプレーするボーイズに入団した紅林少年だったが、前述のとおり約半年間でチームをやめ、中学の野球部に入部することになる。

最大の理由は、小学校から胸に秘め続けた『遊撃手への思い』だった。

「中学生になったら、『ショートをやりたい』とずっと思っていたんです。でも、ボーイズに入ったらいきなりキャッチャーミットと防具を渡されて『キャッチャーやれ』みたいな話になって……自分でもショートへのこだわりがどうしても捨てきれなかったので、チームをやめて中学の軟式野球部に入り直すことにしたんです」

野球がチームスポーツである以上、すべての選手が希望するポジションを守れるわけではない。さらにタイミングが悪かったのが、同じ時期にチームに入団した同級生の中に森敬斗（現横浜ＤｅＮＡベイスターズ）がいたことだ。

「森のことは小学校時代から知っていました。地区が近かったわけではないんですけど、よく対戦する機会があって。当時は髪が長くて、目がくりくりしていて女の子みたいだったんですけど、人懐っこい性格ですごく話しかけてくれた印象が強いですね。もちろん、当時から選手としてはすごかったと思います」

森といえば、島田ボーイズ、桐蔭学園でともに主将としてプレーし、2019年ドラフト1位でベイスターズに入団。2022年時点でレギュラー奪取まではいっていないものの、野性味あふれるプレーで将来を嘱望されるプロスペクト選手のひとりだ。

のちに、プロ入りするふたりの遊撃手が同じボーイズに所属していたというのも、因縁めいた話ではある。

筆者は過去、森にもインタビューした経験があるが、プロ入り後のインタビューでは『意識する選手』として紅林の名前を挙げていた。森にとっても、同郷で同学年のプロ野球選手・紅林弘太郎の存在はライバルであり、刺激を受ける存在だという。

遊撃手への思いを捨てきれず、移籍した紅林少年。青島中学校の野球部には少年野球時代のチームメイトが多く所属しており、入部してすぐに、自らの意思を伝えたという。

紅林弘太郎
KOTARO KUREBAYASHI

「小学校まではピッチャーとキャッチャーでしたけど、中学では絶対にショートをやらせてほしいと伝えました。そのためにボーイズをやめたので、そこだけは貫きたかったんです」

とはいえ、チーム事情からどうしても「投げてくれないか？」「受けてくれないか？」というシチュエーションもあったはずだ。そう尋ねると、紅林は少しだけバツの悪そうな表情を浮かべて、こう答えてくれた。

「いや……もちろんそういうこともあったんですけど。ピッチャーやっても楽しくないんで……（苦笑）。そこはもう、チームメイトにも『頼むわ』って甘えて」

想像するよりもはるかに、紅林弘太郎という選手にとって『遊撃手』というポジションが特別なものなのがわかる。

中学時代にあこがれの遊撃手というポジションについてから、高校、プロと紅林のポジションは遊撃手で一貫している。

「自由に動き回れるポジションですし、一番プレーにもかかわることができる。ピッチャーは別ですけど、ボールに触れる機会も多い。でも、一番はやっぱり『かっこい い』の一言ですね。ずっとあこがれていたポジションでしたし、こだわりは強いです」

『ノビノビ』野球ができた中学時代 1番・遊撃手でチームの柱に

中学校3年間、ある意味自分の我を通して『遊撃手一本』でプレーした紅林少年。当然ながら、指導者の理解もそこには不可欠だった。

「中学校の野球部の監督は島田商業出身で、望月俊治監督の教え子なんです。そういう意味でも、なにか縁を感じる部分はあるんですけど、厳しくもあり、でも僕のことも理解してくれてノビノビやらせてもらえた。僕の野球人生を振り返ると、基本的にずっと『ノビノビ』やらせてもらえているな、と感じます」

紅林弘太郎
KOTARO KUREBAYASHI

望月監督は駿河総合高校の監督として紅林を教えた恩師だ。伊東商業、静岡商業、島田商業などで監督を歴任した、静岡県を代表する高校野球指導者でもある。

中学卒業後、紅林が駿河総合高校に進学した背景には、そういった『縁』も少なからずあったという。

念願の遊撃手に専念し、紅林少年はさらに野球へとのめり込んでいく。中学2年のころには身長も一気に伸び、１８０センチを超えるようになると、持ち前の打撃にさらに磨きがかかっていった。

「監督が『打順は打つ選手から並べる』という考え方の人で、僕は1番を打っていました。出塁率も高かったですし、大きいのも打てるタイプでした。足もけっこう速かったと思います。中学の最後の大会では柵越えホームランも打って、それが印象深いですね。ちょうどその試合を高校の方が見てくれていた、というのもあとで聞きました」

小学校、中学校と『ノビノビ』と野球を楽しんだという紅林少年。当時、『プロ』への意識はどの程度あったのだろうか。

「まったくなかったです。とにかく、楽しく野球をやっているだけで、自分がプロに行くとか、想像すらできなかった。小学校も中学校も県大会どまりで、『全国』も知らなかったですし。たとえば宮城（大弥／バファローズ同期入団）は中学校時代に侍ジャパンのU－15代表に選ばれたりしていますけど、僕はそういう経験もなかったので。中学までは兄やチームメイトに負けたくない、という思いだけがモチベーションでした。高校に入ってからはそのモチベーションが『プロ』に変わっていった気がします」

静岡で生まれ、「サッカーがやりたい」と熱望した少年が両親のすすめで野球を始め、野球に夢中になり、のちにプロ野球選手へと成長した。

大きく意識が変わったのは高校時代から、と本人は語るが、少年時代の自分を振り返って、現在につながる部分はないか、訊ねてみた。

「バットを振ることですね。バットを振った量と時間は、他の選手よりも多かったと思います。身近にいる兄よりもたくさん振る、チームメイトよりもたくさん振る。その思いは、子どものころからずっと持っていますし、今でもブレていないです。もちろん、プロの選手は全員がたくさん練習しているので『僕が一番やっている』とは言えないですけど（笑）」

多くのチームメイトが『大物』と証言する破格の大型遊撃手・紅林弘太郎の原点は、『ノビノビ』過ごした小・中学校時代と、身近なライバルに負けたくないという反骨心からくる努力にあったのかもしれない。

紅林弘太郎

2002年2月7日生まれ、静岡県出身。小学2年生で青島ホークスに入団して野球を始める。青島中学時代には1番・遊撃手として県大会にも出場。卒業後は駿河総合高校に進学し、3年春には侍ジャパンU-18代表候補に選出。2019年ドラフト2位でオリックス・バファローズに入団。プロ2年目から遊撃手としてレギュラーを務める。

小学校	青島ホークス(軟式)
中学校	藤枝市立青島中学校(軟式)
高校	静岡県立駿河総合高校
プロ	オリックス・バファローズ(2019年ドラフト2位)

くればやし・こうたろう

山崎福也
SACHIYA YAMASAKI

父は巨人、日本ハムでプレーした元プロ野球選手
兄の影響もあり、小学校2年生でチームに入団

2022年日本シリーズ。オリックス・バファローズの山﨑福也は第2戦、第6戦に先発登板。2試合、9イニングを投げて無失点という快投を見せ、シリーズの優秀選手に選出された。

日大三高、明治大学を経て2014年ドラフト1位でバファローズに入団。プロ1年目から17試合に登板（先発12試合）し、その後も先発・リリーフとして投手陣を支え続けている。

2021年にはキャリアハイのシーズン8勝をあげてリーグ優勝に貢献すると、2022年も5勝をマーク。

日本シリーズではその投球はもちろん、第2戦で打者として先制タイムリーを放ったことから、山﨑が高校3年春のセンバツ甲子園で1大会13安打という大会タイ記録を樹立していることも話題となった。

高校時代は打者としても通算20本塁打、大学でも2年春に投手だけでなく一塁手としてもリーグ戦出場を果たした〝元二刀流選手〟だ。

投打に優れた才能を見せた山﨑は、一体どんな少年時代を過ごし、いかにして成長したのか。本人の証言をもとにそのルーツをたどってみよう。

山﨑は1992年9月9日に埼玉県所沢市で生まれている。

父・章弘氏は読売ジャイアンツ、日本ハムファイターズでプレーした元プロ野球選手で、息子の福也が生まれる前年の1991年に現役を引退。しかし、引退翌年から日本ハムのコーチに就任し、その後も中日や巨人、独立リーグの指導者を歴任してい

山﨑福也
SACHIYA YAMASAKI

る。

特にシーズン中は遠征も多く、子どものころは父親が家にいる記憶はほとんどなかった。

「ただ、野球をはじめたキッカケは、間違いなく父の影響だったと思います。野球というスポーツがすごく身近にある環境だったし、チームに入団する前も暇さえあれば兄と一緒にキャッチボールをしていました。父も、たまに家にいるときは相手をしてくれましたね」

2学年上の兄・福之さんは小学校、中学校と福也少年と同じチームでプレーし、高校は聖望学園に進学してセンバツ甲子園で準優勝。2015年までは社会人野球のセガサミーでプレーを続けた。

そんな野球一家に育った福也少年だけに、野球をはじめるのは必然の流れだった。

「チームに入団したのは小学校2年生のとき。地元の軟式野球チーム『新所沢ライノーズ』に入団しました。幼稚園から小学校1年生まではサッカーもやっていたんですけど、兄も所属するチームでしたし、本当に自然に入団した、というイメージです。野球は見るのもやるのも好きだったので子どもながらに『早く野球やりたいな』と思っていました」

父と兄の影響で野球をはじめ、地元の少年野球チームに入団。父親が元プロ野球選手という肩書きも、特に気にならなかったという。

「もしかしたら周囲は『プロ野球選手の息子』という目で見ていたのかもしれないですけど、直接なにかを言われたり、僕自身がそれを意識することはなかったですね。チームの中でも普通にプレーさせてもらいました」

左利きということもあって、ポジションは入団直後から投手、一塁手だった。

山﨑福也
SACHIYA YAMASAKI

「最初からピッチャーをやらせてもらっていました。投げることも好きだったし、左だとポジションも限られてくるので」

高校、大学、さらにはプロでも投打で非凡な才能を見せるだけに、子どものころはさぞ〝スーパー〟な小学生だったのかと思いきや、意外にも当時は不器用な選手だったという。

「チームの中ではそれなりにやれるほうだったたし、野球をはじめてすぐに『あ、向いているかも』とは思いました。ただ、自分の中ではあまり『野球が上手い』という意識はなかったです。たとえば打球を遠くに飛ばすとかはできたけど、細かなプレーはむしろ苦手でした。足も……遅くはないけどそこまで速くもなかったですね」

福也少年が所属していた新所沢ライノーズは、1学年だけで1チーム組めるほどの大所帯。そんなチームの中で、同級生たちと切磋琢磨しながら楽しく野球に打ち込んだ。

「あまり厳しいイメージはなくて、卒団までの5年間、とにかくノビノビ楽しく野球をやらせてもらいました。ただ、当時から父の影響で『将来はプロ野球選手になりたい』と思っていましたし、周りに負けたくないという気持ちも強かったかもしれないです。2学年上の兄に対しても『目標』というよりは『絶対に俺のほうが上手い！』と思ってやっていました」

「勉強しろ」と言われた記憶はない野球漬けの日々を送った小学生時代

活発で、じっとしているのが苦手。とにかく野球が大好きだった福也少年。学校が終わって自宅に帰ると、練習がない日でも野球道具を片手に再び学校に戻り、友だちと野球をする毎日を送っていた。

「毎日、野球やっていました。頭の中も野球のことばかりで、勉強した記憶はほとんどないです。ただ、今思えば母親もそういう風に仕向けていっていたのかな……と。『勉強しろ』と言われたこともなければ、テストの点数が悪くて怒られたこともなかったので」

親からは苦手な勉強を強制されることも、大好きな野球を制限されることもなく、めいっぱい野球を楽しんだ。そうやって、福也少年はさらに野球にのめり込んでいく。

また、野球への思いをさらに強くしたのが、プロも使うスタジアムでの試合経験だった。

「西武ドーム（現ベルーナドーム）と千葉マリンスタジアム（現ZOZOマリンスタジアム）で試合をやれる機会があったんですけど、それは鮮烈な記憶として残っています。普段は学校のグラウンドや地方の球場で試合をすることがほとんどなんですけど。一番は人工芝ですね。メチャクチャきれいで、『プロ野球選手はこんなところでやっているのか』って感動しました」

小学生が人工芝の球場でプレーする機会など、ほとんどない。スタンドで見る景色と、グラウンドレベルで見る景色も当然違う。

そんな経験が、福也少年のプロへの夢と、野球への情熱をさらに大きくした。

6年生になるころには、チームのキャプテンにもなり、エースで4番を任されるようになった。身長も160センチほどと大きく、投打でチームの中心を担ったが、当時は「野手としてプロに行く」と思っていた。

「バッティングのほうが自信があったのかもしれないですけど、なんとなくプロ野球選手になる自分を想像したときは『バッター』でした。打球も飛ぶし、大きなホームランも打っていましたね。あのころは試合でシングルヒットを打っても、満足していませんでした。ただのヒットではなくて長打やホームランを打ちたい、という思いが強かったです」

ひとりでも黙々と練習を続ける日々
3年時には複数の高校から推薦の誘いも

野手としてプロに行きたい――。そんな思いを胸に、小学校を卒業すると硬式野球の『所沢中央シニア』に入団する。

「その後の野球人生を考えたとき、高校から硬式をやるより中学からはじめたほうがいいのかな、という思いもありました。父は『お前の好きにすればいい』という人だったので、母と相談しながら最終的には自分で決断しました」

冒頭にも書いたように、父・章弘さんはプロ野球のコーチとしてなにかと家を空ける存在だった。当然、一緒に過ごす時間は限られており、野球についてもなにか相談するのは母親だった。

「練習の送り迎えはもちろん、弁当を作ってくれたり、全面的にサポートしてくれました。父は忙しかったので中学校までは試合を見に来ることもほとんどなかったですね」

中学に入り、硬式野球のシニアリーグでプレーするようになると、福也少年はレベルの違いを痛感する。

「体の大きさも、野球の技術も、すべてが別世界という感覚でした。試合に出られるようになったのも新チームになってからでしたし、それこそ1年生からレギュラーになるような存在でもなかった。でも、すでにそのころから『自分には野球しかない』という思いでプレーしていましたし、その現実から逃げても仕方ないなと。野球自体は好きだったので厳しい練習にも耐えることができたんだと思います」

シニアの練習は基本的に土日と祝日。平日は自主トレにあてていた。

「ひとりで黙々とバドミントンの羽を打ったりして過ごしていました。当時はピッチャーの練習より、圧倒的にバッターとしての練習のほうが多かったです」

新チームでの福也少年の立ち位置は4番・一塁手兼投手。投手としてはエースではなくチーム内では二番手だった。

「小学校のころよりもメンタルは『バッター』になっていたと思います。バッターとして甲子園に行く、バッターとしてプロに行く。そういう思いは中学校でさらに明確になりました」

高校、大学でも『打撃の良い投手』として名をはせた福也少年だが、中学校まではむしろ「打者としてプロに行く」ことだけを考えていた。

「もちろん、ピッチャーをやるのも楽しかったですけど、やっぱり打つほうが好きで、センスもあったかなと思いますね」

新チーム結成後はチームの中心選手になったが、最後の大会は本人いわく「あっさり終わってしまった」という。しかし、選手個人としてはのちに進学する日大三高だけでなく、横浜高校や浦和学院といった複数の高校から誘いがあり、自分でも『将来は野球で生きていく』という覚悟を持ちはじめることになる。

「もちろん、それまでもプロになりたいという思いでやっていましたけど、高校から推薦の誘いをもらうという評価をしてもらったことで、それが覚悟に変わっていきました。日大三高を選んだのは、一番熱心に誘って頂いたから。そのときも基本的にはバッターとして評価してもらって、高校でも最初は野手としてプレーしていました」

卒業を控え、突然発覚した〝脳腫瘍〟手術を乗り越え、高校でさらに飛躍

どの高校を選んでも、甲子園に出場できそうな有名校ばかり。関東の名だたる高校から誘いを受けるほど評価を高めていた福也少年だが、中学野球を引退し、高校進学

へ向けた準備に入る冬に、大きな事件が起こる。

それが、脳腫瘍の発覚だ。

たまたま受けた健康診断で異常が見つかり、精密検査の末に脳に腫瘍があることが発覚。手術を受ける必要があることも判明した。

「病院で、先に母親が呼ばれて、そのあと自分が呼ばれて告げられたんですけど。そのときはショックだったりとまどいだったり、いろいろな感情が芽生えましたね」

15歳の中学校3年生にとって、脳腫瘍の宣告はあまりにもショッキングだ。

「ただ、事実を受け止める受け止めない以前に、もう仕方のないことでしたし、手術も『受けないとまずい』という状況だったので。そこからはとにかく治すことだけを考えて、手術を受けることに決めました」

手術は3月21日——。卒業式も終わり、高校への入学を直前に控えたタイミングだった。

「チームメイトにも腫瘍のことは話しませんでした。周りに話せないのは苦しいっちゃ苦しいですけど、悪い雰囲気になってしまうのも嫌だったので、あえて言わなかったですね」

結果的に手術は、無事に成功。とはいえ、まだまだ継続的な治療も必要だった。高校入学を控え、不安も多かった福也少年に勇気を与えたのが兄・福之さんだ。

「手術の翌日にセンバツ甲子園が開幕して、聖望学園にいた兄が出場したんです。テレビでその姿を見て、僕自身も勇気をもらえましたし、これからはじまる高校生活に向けて少しは前向きにもなれたんじゃないかなと思います」

福也少年はそこから驚異的な回復を見せ、同級生からは少し遅れながらも日大三高

山﨑福也
SACHIYA YAMASAKI

に入学。その後は治療を続けながら本章冒頭のようにチームで主力を張れるまでに成長する。

「僕自身、よく『病気を乗り越えた』と言ってもらえることが多いんですけど、乗り越えるもなにも、やるしかない、という状況だったので。ただ、その中でも家族のサポートは大きかったです。そのうえで『野球で生きていく』と決意したのも自分ですし、病気にはなりましたけど、そこはブレなかったですね」

15歳にして人生の大きな転機を迎えた福也少年。

最後に、プロ野球選手となった今、当時を振り返って現在につながっていること、『やっていてよかった』と思えることを聞いた。

「一番は、野球を好きでい続けられたことです。普段の練習だけでなく遊びでも野球をやれたのが大きかったのかなと思いますね。プロに入ってからは立場も環境も変わって、『野球をやめたい』と思うことは正直何度もあるんですけど、小学校、中学校時代は一度も思ったことはないです。親御さんや育成世代の指導者の方にも、子どもたちをあまり『縛りつけない』指導を心がけてほしいですね。子どもだけじゃなくて大人も『縛られる』ことって嫌じゃないですか。あまり良いことでもないし、野球が嫌いになってしまう。それだけは、避けてほしいですね」

山﨑福也
SACHIYA YAMASAKI

山﨑福也

1992年9月9日生まれ、埼玉県出身。小学校2年で新所沢ライノーズに入団し、野球をはじめる。中学は所沢中央シニアで4番・一塁兼投手としてプレー。日大三高、明治大学を経て2014年ドラフト1位でバファローズに指名を受けて入団。プロ1年目から一軍デビューを飾り、2022年には日本シリーズで優秀選手賞を獲得。

小学校	新所沢ライノーズ（軟式）
中学校	所沢中央シニア（硬式）
高校	日大三高校
プロ	オリックス・バファローズ（2014年ドラフト1位）

やまさき・さちや

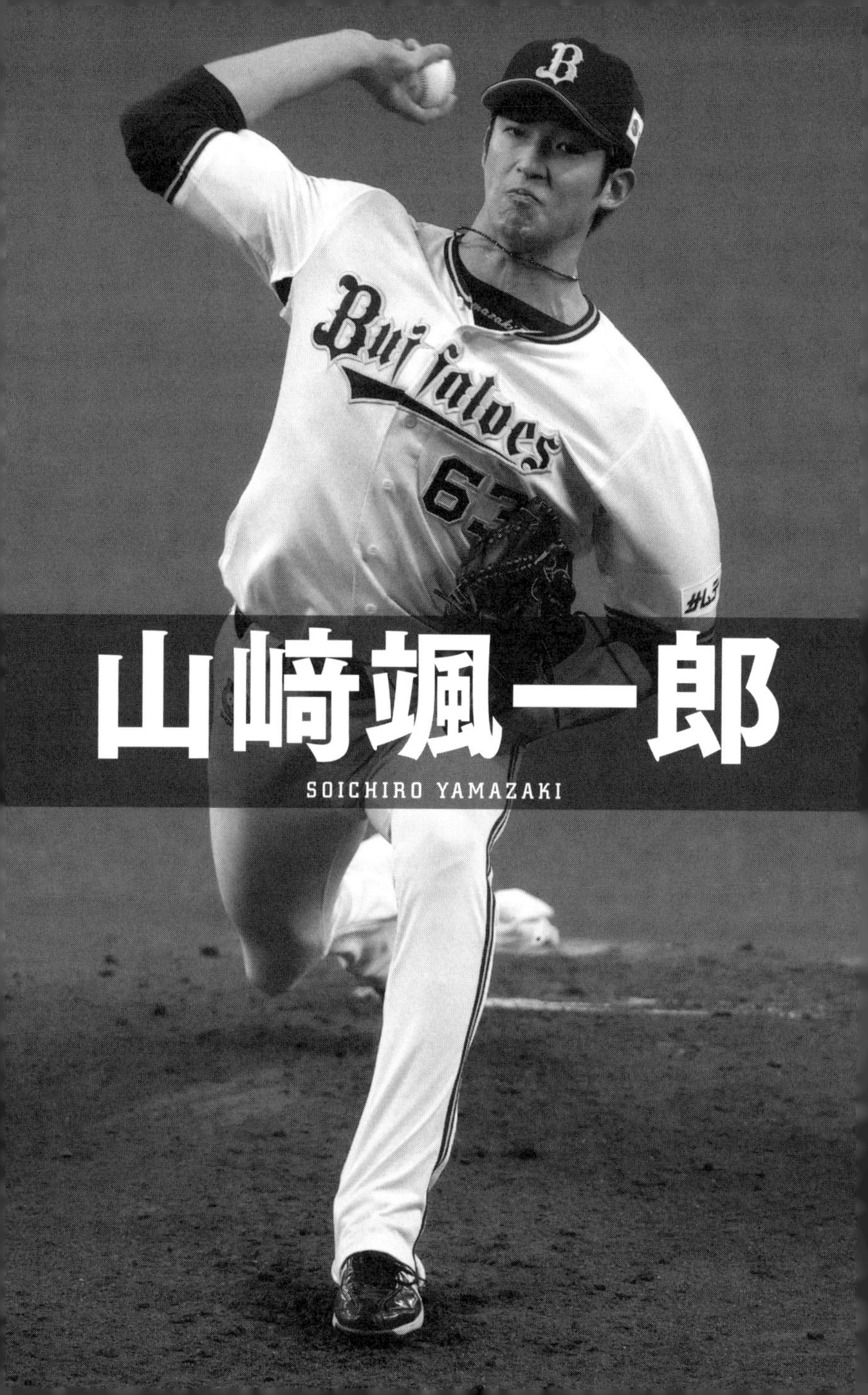

山崎颯一郎

SOICHIRO YAMAZAKI

幼少期はサッカー好きの少年
祖父がキッカケで野球の道へ

２０２２年、球団26年ぶりの日本一を成し遂げたオリックス・バファローズ。東京ヤクルトスワローズを４勝２敗１分で下した日本シリーズで話題となったのが、『快速リリーフ陣』だった。最速１５０キロ後半以上をマークする投手を複数擁し、早めの継投でヤクルト打線を抑え込んだバファローズのブルペン陣。

その中心を担ったのが山﨑颯一郎だ。

身長１９０センチの恵まれた体躯から放たれる速球の最速は１６０キロ。２０２２年の登板は15試合（先発５試合）だったが、日本シリーズの快投で日本中の野球ファンにその名を知らしめた。

山﨑は高校野球の名門・敦賀気比高校から２０１６年ドラフト６位でプロ入り。同期には山岡泰輔（東京ガス／同年1位）や山本由伸（都城高校／同年4位）らがいる。

プロ5年目の2021年に一軍デビューを飾り、6年目の2022年、シーズン後半からリリーフに回ってリーグ連覇と日本一の立役者になった。

スケール感たっぷり、将来が期待される大型右腕のルーツを、本人に聞いた。

山﨑が生まれたのは石川県加賀市。幼少期は野球ではなくサッカーが好きな子どもだった。

「特に理由はなかったんですけど、当時は小学校に上がってもサッカーがやりたいと思っていました。ただ、ウチのじいちゃんが野球好きでジャイアンツファンだったんです。それで『つまらなかったらサッカーやっていいから、まずはキャッチボールからはじめてみよう』って誘われたのがキッカケです。そこからキャッチボールするようになって、少しずつ『野球も面白いかも』と思うようになったんです」

山﨑颯一郎

SOICHIRO YAMAZAKI

キャッチボールの相手は、主に祖父や父。相手がいないときは自宅の『壁』をめがけてボールを投げる日々を過ごした。

「距離は短かったですけど、壁に四角いストライクゾーンを書いてくれて『ここをめがけて投げるんだぞ』と教えてもらいました。キャッチボール相手がいないときは、そこで壁当てして遊んでましたね。近所の保育園にも大きな壁があったのでそこで投げることもありました。とにかく、いつも『ボールを投げていたな』という記憶があります」

投手・山﨑颯一郎の原点と言えるかもしれない。

家族とのキャッチボールや壁当てを通じて野球の楽しさを憶えた颯一郎少年は、小学校3年生で地元の少年野球チーム『山代少年野球クラブ』に入団する。

「僕が通っていた小学校が山代小学校というところで、そこにあった野球チームです。

チームメイトはみんな同じ小学校の同級生だったりするので、入団は自然な流れでした」

いわゆる、『地元の少年野球チーム』に入団した颯一郎少年。現在も長身で知られるが、小学校時代から身長はかなり高かったという。

「母から聞いた話では、生まれた時は2000グラムくらいしかなくて小さかったんですけど、物心ついたころにはもう周りより大きかったそうです。父が180センチ、母が170センチあるので、両親のおかげですね。ただ、身体は大きかったですけど、野球に関しては特別『上手い』みたいなことはなかったですね。ピッチャーをやりはじめたのも6年生になってからでしたし、それまではキャッチャーやったり、ファーストやったり。とりあえず『デカいやつがやるポジション』を守っていました。ピッチャーになったのもたぶん、体が大きくてボールだけは速かったんで、それだけの理由だったと思います。ノーコンでしたし（笑）」

山﨑颯一郎
SOICHIRO YAMAZAKI

体が大きく、球の速い選手が投手を任されるが、コントロールに難がある……。これは少年野球では『あるある』だ。

ただ、特に小学生にとって「体の大きさ」は投打ともに大きなアドバンテージにもなる。

「小学校、中学校のころはバッティングもけっこう良かったと思います。打順も5番あたりを打たせてもらって、体が大きいので当たれば飛びますし。高校以降は全然でしたけど（笑）」

両親ゆずりの恵まれた体格もあり6年生では投手としてプレーした颯一郎少年。当時所属した山代少年野球クラブとは、どんなチームだったのだろうか。

「全然強いチームではなかったです。みんな楽しく野球をやっていた記憶があります。もちろん、小学生から見たら監督は大人だし怖かったけど、チームの人数も多かったのでわいわい言いながら練習していました。練習は土日が1日中、平日もほとんど毎日練習していた記憶があります。放課後、遊んだ記憶ってほとんどないんですよ。毎日野球漬けで、練習が終わったら家で素振りしたり。自主的に、というよりは親にやらされていましたね。小学校高学年からは家の周りを走ったりもしていたと思います」

学校が終わったら放課後はナイター設備のある学校のグラウンドで練習。土日も練習や試合――。遊びたい盛りの小学生にとっては、なかなかキツい環境の気もするが、本人はどこ吹く風だ。

「もちろん、友だちと遊ぶこともあったと思うんですけど……あまり『練習嫌だな』と思った記憶はないですね。野球自体が友だちと一緒に遊ぶような感覚でしたし。あと、すごく憶えているのは練習が終わったら家まで走って帰って、アニメの『メジャー（MAJOR）』を観ていたこと。毎週、それがルーティンでしたね」

調べてみると、2004年から2010年まで放映されたアニメ・『メジャー』は第1～6シリーズまで毎週土曜の18時からNHK教育テレビで放映されていた。

颯一郎少年は土曜の練習が終わると真っすぐ家に帰り、「大好きだった」というアニメを見て過ごす普通の野球少年だった。

「ただ、リアルなプロ野球には正直まったく興味がなかったので観た記憶がないんです。プロに入ってから『子どものころにあこがれた選手は？』って聞かれることもあるんですけど、ピンと来ないんですよね（笑）」

野球は、『観る派』ではなく『やる派』。観るとしてもプロ野球ではなく、アニメ。そんな颯一郎少年も小学校を卒業し、中学校に進学。そこで選んだチームが硬式野球の『加賀ボーイズ』だ。

一度は消えかけたプロへの思い 監督の言葉で、野球への取り組みが変わった

「僕らの地域で、中学から硬式をやる選手はだいたい『加賀ボーイズ』か『小松シニ

ア』に入るんですけど、小学校時代のコーチが加賀ボーイズでコーチをやることになって、その人に誘われたのが一番の理由です。硬式を選んだのも、高校に入ってからのことを考えて『早めに硬球に慣れておいた方がいいかな』と思ったからです」

小学生ながらに、高校やその先の世界でも野球を続けたいという思いがあったからこそ、中学では部活動ではなく硬式野球のクラブチームを選択した。

ただ、中学入学後、思春期を迎えるタイミングでその心境に少し変化も生まれる。

「小学校時代は『プロ野球選手になりたい』という夢を持っていましたが、中学校時代は逆にそういう意気込みが薄れてしまったんです。1〜2年生くらいまでは正直、『プロに行きたい』とはまったく思わなくなっていました。結果もあまり出ていなかったし、自分の中でもモチベーションが上手く保てなかったんだと思います。自分がこの先、野球選手として成長したとしてもその先に『プロ』というものがまったく見えなくなってしまった。ちょっと、行き詰まっていたかもしれないです」

山﨑颯一郎
SOICHIRO YAMAZAKI

チームの練習が厳しい、野球に魅力を感じない——。そういった理由は特になく、単純に「プロが想像できない」というメンタルに陥ってしまった。

そんな颯一郎少年の心を大きく変えたのが、当時の監督の言葉だった。

颯一郎少年が中学校2年生の時のことだ。監督から「どの高校に行きたいんだ？」という進路の話を聞かれ、颯一郎少年はこう答えた。

「普通に公立高校に入って、将来は父親よりも良い仕事に就きたいです」

すると、監督からこんな言葉が返ってきた。

「アホか。お前はプロを目指せ！」

颯一郎少年は呆気にとられた。

「正直、言われた瞬間は『は？　なに言っとんねん』って思いました（笑）。僕自身、プロはもちろん、野球の強豪校に行くことも真剣に考えていなかったのに、監督から急にそんなことを言われて……。でも、その言葉をきっかけに将来のことをもう一度考えて、野球への取り組みも変わっていったと思います」

誰よりも自分の実力を過小評価していたのは、ほかならぬ颯一郎少年自身だった。当時を振り返って山﨑自身も「真面目なタイプではなかった」と語っているが、そんな姿を見かねたのか、颯一郎少年の実力を評価していた監督は、そこで『喝』を入れた。

「それまではちょっと、遊びながら野球をやっているくらいの感覚だったので、『野球に、しっかりと向き合おう』と思い直しました。そうすると、自然と結果も出てきて、試合でも抑えられるようになっていったんです」

投手としての成長に、体の成長が伴ったのも大きかった。

山﨑颯一郎
SOICHIRO YAMAZAKI

「もともとデカかったですけど、中学校でまた伸びて、3年生の時点で187センチくらいになりました」

日本代表への選出と寺島成輝との出会い環境とライバルの存在が、さらなる成長の糧に

中学時点で187センチあれば、それなりに話題になるのもうなずける。投手としての実力もメキメキとつけ、颯一郎少年は3年時には日本代表にも選出されるまでの選手になった。

「ボーイズリーグの連盟の方に推薦して頂いて選ばれたんですけど、自分でもビックリしました。そこでさらに自覚みたいなものが芽生えて、練習にもより真剣に取り組むようになりましたね」

颯一郎少年は「ボーイズリーグ北陸支部」から唯一選出されたが、当時のチームメ

イトにはのちに履正社高校に進学し、2016年ドラフト1位で東京ヤクルトスワローズに入団した寺島成輝（箕面ボーイズ）もいた。

「寺島とは練習試合で一度だけ対戦したことがあるんですけど、仲良くなったのはジャパンで一緒になってからです。当時から寺島は有名で、『やんちゃ坊主』のイメージもありましたけど、ボールも速いし良い投手ですごく刺激にもなりました」

ジャパンへの選出を経て、より野球への思いを強くしていった山﨑投手。高校入学前には、球速も130キロ台後半をマークするようになっていた。

「中学生にしては速いほうだったと思います。基本は真っすぐで、カーブも投げていました」

中学3年になり、ジャパンに選ばれるような投手なら、当然ながら注目されるのがその進路だ。颯一郎少年は結果として地元の名門・敦賀気比高校への進学を決めるのだが、その決め手はなんだったのだろう。

「プロ野球もですけど、当時は高校野球もまったく見ていなくて、敦賀気比の存在も正直知らなかったんです（笑）。でも、中学の時にたまたま見た甲子園で敦賀気比が試合をしていて『この高校のユニフォーム、カッコ良いな』と思ったんですね。それだけが記憶に残っていて。それから時間が経って、敦賀気比からお誘いを頂いたときにパンフレットを見たら『あ、あの時、ユニフォームがカッコ良いって思った高校や！』って。正直、運命だと思いました。なので、決め手はユニフォームです（笑）」

普段はめったに見ない高校野球。それをたまたま見て、「ユニフォームがカッコ良い」という印象だけ残っていたチームから、誘いを受けた。敦賀気比が隣の県（福井県）で近くにあったのも大きかった。

「あまり、遠くには行きたくなかったんです。当時はそれなりに遠方の高校からも声を掛けて頂いていて、大阪桐蔭からも誘われました。でも、その時はすでに『敦賀気比に行く』と決めていた時期だったので、あまり心が揺らぐこともなかったですね」

高校野球界の頂点に君臨すると言っても過言ではない高校の誘いよりも『ユニフォーム』の縁で結ばれた高校を選択した颯一郎少年。その後の活躍は冒頭に書いたとおりだが、最後に小学校、中学校時代を改めて振り返り、『プロ野球選手』としての現在にも活きていることを聞いた。

「野球人生を振り返っても、一番成長できたのはやはり中学校2年生のときに監督に『お前はプロに行け！』と言われてからです。小学校のころはプロが漠然とした夢で、それを失いかけていたときに、プロを『目標』にできる言葉をかけてもらった。その意味では本当に感謝しています。小学校から野球をはじめて、中学校でも高校でも、やめたいと思うことは何度もありました。練習は厳しいし、坊主も嫌でしたね……（笑）。それでもやめなかったのは、心のどこかで野球は楽しいという思いがあったのと、小さなころから『野球がダメなら俺は終わり』くらいの覚悟を持っていた、というのもあったと思います。頭も良くなかったですし、進学も含めて野球を続けるため

山﨑颯一郎

SOICHIRO YAMAZAKI

に勉強も頑張れた。野球があって、よかったです（笑）」

子供のころの『夢』を、現実を知ることで諦めてしまった経験は、ほとんどの大人がしているはずだ。颯一郎少年の場合、夢で終わりかけたところで、指導者の言葉からそれを『目標』に変換することができた。

指導者の言葉で、子どもの人生は大きく変わる。

山﨑颯一郎の少年時代の話を聞いて、それをあらためて実感することができた。

山﨑颯一郎

1998年6月15日生まれ、石川県出身。祖父の影響で野球を始め、小学校3年時に山代少年野球クラブに入団。中学時代は加賀ボーイズでプレーし、3年時には日本代表にも選出。敦賀気比高校を経て、2016年ドラフト6位でバファローズに入団。プロ5年目に一軍デビューを飾り、6年目の2022年にはリーグ連覇、。日本一にも貢献した。

小学校	山代少年野球クラブ（軟式）
中学校	加賀ボーイズ（硬式）
高校	敦賀気比高校
プロ	オリックス・バファローズ（2016年ドラフト6位）

やまざき・そういちろう

山﨑颯一郎

SOICHIRO YAMAZAKI

おわりに

オリックス・バファローズはいかに強くなったのか

〝はじめに〟にも書かせて頂いたが、この本の発売が決まったのは２０２２年のシーズン中のこと。

なぜオリックス・バファローズという球団をテーマにしたか。

その理由は、大きく分けてふたつある。

ひとつは、バファローズが２０２１年のパシフィック・リーグ王者だったこと。

そしてもうひとつが、現在のバファローズに、「どんなルーツで野球をやってきたのか」「どんな少年時代を過ごしたのか」を知りたいと思う選手が多かったことだ。

バファローズがドラフトで指名した生え抜きの選手をチームの中心に据え、２０２

2年プロ野球界で日本一に輝いたのは、多くのファンも知るところだ。

その一方で、シーズン中、そして日本シリーズの戦いを見て「バファローズには、まだこんな選手がいたのか！」「この選手、いつの間にこんなに成長したんだ？」と感じたファンも多かったはずだ。

選手を、育てる——。

言葉にすると簡単だが、これを本当の意味で実現できている球団は決して多くない。チーム内での育成プランの共有はもちろん、選手を見極める指導者の力、そしてなにより、プロという厳しい世界で実際に「成長」できるだけのポテンシャルが、選手自身に備わっていないといけない。

本書ではその〝ポテンシャル〟の部分に焦点を当て、日本一に貢献したバファローズの主力選手のうち、9名の小学生時代、中学生時代を紐解いている。

ただ、実際に当時の関係者や選手本人に少年時代の話を聞いてみると、9人の選手はそれぞれが異なる個性を持ち、異なる環境でプレーしていたことがわかった。

山本由伸は中学時代まで小柄で、中学校3年生の夏までは球速が130キロにも満たない投手だった。

吉田正尚は小学校、中学校を通じ、指導者が「教えることはなかった」と振り返るほど、高い打撃技術を誇るスーパー中学生だった。

宮城大弥はU－15日本代表に選ばれるような投手だったが、中学生の時点で身長が止まってしまった。

山岡泰輔は小学生までソフトボールを経験し、中学校時代には茶髪で、襟足を伸ばす少しだけヤンチャな野球少年だった。

9人のプロ野球選手がいれば、そこには9通りの少年時代があり、「こういう野球少年だったから、プロでも大成できた」という共通点を見つけ出すのは、むずかしい。

ただ、そんな中でもひとつ、彼らに共通するのが、幼少期から〝型にハメた指導〟を受けてこなかったことだ。

山本は小学校、中学校時代を通して自然豊かな岡山の地でノビノビとプレーし、吉田は当時から小柄だったが、「転がせ」「逆方向を狙え」と指導されたことは一度もない。

宮城は独特のインステップを悪癖として矯正されることもなく、山岡もチームから坊主を強要されることはなかった。

もちろん、本書で紹介した9人の中には「練習は厳しかった」と語る選手も多くいる。ただ、厳しいことと、選手を型にハメることは決して同義ではない。

厳しい練習の中でも、個性を尊重し、選手が持つ可能性を最大限に尊重する。そんな少年時代を過ごした選手が、プロの舞台で花開いている。

突き詰めれば、プロ野球の世界にも同じことが言えるかもしれない。

プロ野球の世界に足を踏み入れる選手たちは、ドラフト1位だろうが、育成指名だろうがポテンシャルの塊ばかりだ。

競技人口の減少が叫ばれているとはいえ、野球はまだまだ日本では人気スポーツ。そんな激しい競争を勝ち抜き、プロの門戸を叩く選手に「素質がない」者などいるわけがない。

ただ現実に、プロに入団してもその才能を開花させることができず、埋もれ、ひっそりとユニフォームを脱ぐ選手が多くいる。

その中には、自分に合わない指導を受け、自分を見失い、本来のパフォーマンスを発揮できずに終わってしまう者もいる。

そんな中、バファローズは個性豊かな選手を、その育成システムで成長させ、リーグ連覇、日本一までたどり着いた。

たとえば、吉田、山岡、宮城といった面々は、体格だけを見ればプロ野球選手としてはかなり小さな部類に入る。ただ、そのプレースタイルはというと、吉田は日本を代表するスラッガーであり、山岡、宮城は最速150キロを超える本格派投手の一面を持つ。

球界を代表するエース・山本由伸も、主流となっているウエートトレーニングをほとんど行わず、その投球フォームも〝独特〟と言われることが多い。

彼らがバファローズではない球団に入団していたとしたら――。

吉田や宮城、山岡は「体が小さい」というレッテルを張られ、山本は独自のトレーニングやフォームを確立できなかったかもしれない。

野球の世界には、「こうすれば絶対に上手くなれる」という正解はない。

100人の選手がいれば、そこには100通りの練習、トレーニング、調整法がある。それをひとくくりにするのではなく、選手が持つ可能性を最大限、信じ続ける。

バファローズには、選手自らが成長できる環境が備わっているのかもしれない。

だからこそ、個性豊かな選手がそれぞれチームの主力に成長し、それが結果へとつながった。

もちろん、2022年に日本一に貢献した選手以外にも将来が楽しみな選手は大勢いる。

その中には、第二の山本由伸、第二の吉田正尚もいるかもしれない。

2021~2022年にかけて成し遂げたリーグ連覇という結果は、決してフロックではない。これからのバファローズの戦いぶりが、楽しみだ。

最後に、本書を制作するにあたって尽力頂いたデザイナーの下舘洋子さん、日本文芸社の岩田裕介さん、取材に協力頂いた関係者のみなさん、そしてオリックス・バファローズのみなさんに、感謝を述べたい。

本当に、ありがとうございました。

2022年12月　花田雪

STAFF

装丁・本文デザイン　下舘洋子(bottom graphic)

画像提供　産経新聞社

取材協力　オリックス・バファローズ

岡山東ボーイズ

麻生津ヤンキース

鯖江ボーイズ

大桑ジャイアンツ

加須シニア

高木遊

花田雪（はなだ・きよむ）

1983年生まれ、神奈川県出身。編集プロダクション勤務を経て、フリーの編集者・ライターに。野球を中心にスポーツ関連の書籍、雑誌、ムック本などの出版プロデュース、編集、執筆を行う。編集者・ライターとしては年間60人ほどのアスリートを取材。編著書に『あのプロ野球選手の少年時代』（宝島社）がある。野球をはじめたのは小学校3年生で、地元の軟式野球チーム『桜ヶ丘スラッガーズ』に入団したのがキッカケ。

オリックス・バファローズは
いかに強《つよ》くなったのか
～選手《せんしゅ》たちの知《し》られざる少年時代《しょうねんじだい》～

2023年1月10日　第1刷発行

著　者　花田《はなだ》 雪《きよむ》
発行者　吉田芳史
印刷所　株式会社 光邦
製本所　株式会社 光邦
発行所　株式会社 日本文芸社
〒100-0003 東京都千代田区一ツ橋1-1-1 パレスサイドビル8F
TEL 03-5224-6460［代表］

内容に関する問い合わせは、小社ウェブサイト
お問い合わせフォームまでお願いいたします。
URL https://www.nihonbungeisha.co.jp/

Printed in Japan 112221221-112221221 Ⓝ01 (210106)
ISBN978-4-537-22054-4
編集担当　岩田裕介